주식 투자 하기 전에
가장 먼저 알아야 할 것들

KB192121

내 주식
에게 일어날 수 있는
모든 일

선 진 호

**주식 투자 하기 전에
가장 먼저 알아야 할 것들**

프롤로그

주식이란 어찌 보면 참 간단합니다. 집문서를 가진 자가 집 주인이고, 땅문서를 가진 자가 땅의 주인이듯이, 주식을 갖고 있는 사람이 기업의 주인인 것이죠.

하지만 주식은 몇천 개 몇만 개로 쪼개져서 많은 사람들의 손에 나누어질 수 있습니다. 그리고 그 과정에서 매우 매우 복잡한 일들이 생깁니다. 주식을 쪼개는 이유, 방법, 시점, 가격 등의 문제들 말이죠. 그리고 이런 문제들은 어쩌다 한 번 발생하는 것이 아니라, 기업이 커 가는 과정에서 끊임없이 발생합니다. 우리는 내가 가진 주식을 보물 창고에 넣어 놓고 싶은 마음이 간절하지만, 사실은 매일 노지에서 강한 햇빛과 비바람을 견뎌내면서 자랍니다. 우리가 이 책을 통해 내 주식에 벌어지는 일이 무엇인지를 알아야 하는 이유입니다.

당신이 만약 가치 투자자라면, 내 주식에 어떤 일이 생기는지 꼭 알아야 합니다. 이를 통해 회사의 성장을 볼 수 있기 때문이죠.

당신이 만약에 차트 투자자라면, 내 주식에 어떤 일이 생기는지를 꼭 알아야 합니다. 이를 통해 당장 내일의 수급을 알 수 있기 때문입니다.

선진호

뱃사공 김씨
주식회사를 만들다

여기 뱃사공 김씨가 있어. 그는 삼남매 중 첫째였지. 나루터 근처 마을에서 태어난 김씨는 가업을 물려받은 셈이야. 김씨의 아버지는 성실하고 친절한 뱃사공이었지. 마을 사람들은 하나밖에 없는 뱃사공인 김씨 아버지를 고맙게 여겼어. 아버지는 절대 돈 욕심을 내는 법이 없었지. 뱃삯이 모자란 경우에도 "그럼 다음에 주세요. 일단 이 강을 건너야 장에서 물건을 팔겠죠. 돌아올 때 주세요." 하며 대수롭지 않게 여겼지.

개인사업자 김씨운수

그런 아버지에게 어린 김씨는 불만이 많았어. 두 동생은 아직 어려서 세상 물정을 잘 몰랐지. 김씨는 부자가 되겠다고 다짐했어. 김씨가 막 열여덟이 되었을 무렵, 아버지가 일을 끝내고 집으로 돌아오는 길에 언덕에서 발을 헛디뎌서 허리를 크게 다치셨어. 기다리는 자식들을 위해 아픈 허리를 부여잡고 집으로 돌아온 아버지는 삼남매에게 티를 내지 않으셨지. 하지만 다음 날 아침 아버지는 허리가 좋지 않아 도저히 일어날 수가 없었어. 어쩔 수 없었지. 김씨는 그렇게 뱃사공이 된 거야.

난 아버지처럼 살지 않을 거야.
언젠가 나도 부자가 돼서
우리 가족을 행복하게 할 거야.

어린 시절 막연하게 부자가 될 거라고 결심했지만, 이제 막 뱃사공이 된 김씨는 방법을 몰랐어. 그나마 사춘기에 들어설 무렵부터 아버지로부터 노 젓는 기술을 배웠던 게 다행이지. 김씨는 배를 고칠 줄도 알았어. 나룻배 한 척과 노를 젓고, 배를 정비하는 기술이 김씨가 가진 전부였지.

만약 김씨가 배를 소유하지 않고, 배를 소유한 자로부터 시간에 따른 삯을 받고 일했다면, 그를 임금 노동자라고 불렀겠지. 김씨가 배를 소유하고 있다고 해도 자본가라 부르는 것은 거창하다는 느낌이 들어. 그는 혼자 일하고 있거든. 그러니 사업소득을 올리는 자영업자라고 부르는 게 맞겠지. 그가 가진 자본인 나룻배와 노를 활용해서, 그의 노동력을 투입하면 딱 일한 시간만큼 소득이 나오니까. 하지만 부자가 되고 싶었던 그는 만족하지 못했어.

그래도 김씨는 부자가 되는 방법까지는 알지 못했어. 그가 아는 기술은 나룻배를 운영하는 것과 관련된 것뿐이었고, 그가 아는 세상도 나루터 마을이 전부였어. 어린 시절 아버지를 따라 배를 타고 강 건너 마을에 갔다고 해도 강 건너 나루터 근처에 있는 장터에만 가봤지.

뱃사공으로서 김씨는 특별히 장사 수완을 발휘할 것이 없었어. 마을 사람이 장터에 가려면 김씨의 도움을 받을 수밖에 없었지. 아버지의 일을 물려받은 김씨가 유일한 뱃사공이었거든. 독점 상황이었지만 김씨의 아버지는 늘 손님들에게 친절했고, 김씨의 마음씨도 아버지를 빼다 박아 늘 마을 사람들에게 싹싹했어.

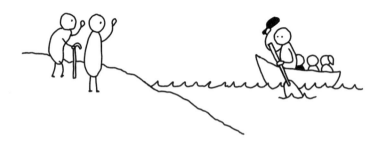

수입은 늘 일정했어. 특별히 남거나 모자라지도 않았지. 아버지와 달리 돈 욕심이 있는 김씨였지만, 돈 버는 방법을 모르는 건 마찬가지였지. 그러던 어느 날 갑자기 손님들이 늘어나기 시작했어. 늘어난 손님은 마을 사람들이 아니라, 먼 곳에서 온 사람들이었지. 처음에 김씨는 그 이유를 몰랐지만, 어쨌든 김씨의 수입은 점점 늘어나게 되었어.

이제 버는 돈이 많아졌겠지? 그럼 내야 할 세금도 많아졌겠지? 세금을 아끼는 방법을 몰랐던 김씨에게 내년에 내야 할 세금 걱정이 다가오기 시작했어.

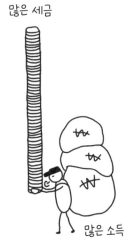

많은 세금

적은 세금

적은 소득

많은 소득

김씨는 억울했어. 돈을 더 벌기는 했는데, 그만큼 나가는 세금도 많아지니까 이렇게 하다 언제 부자가 되나 싶은 거야. 게다가 김씨가 돈을 더 벌게 된 만큼 쓰는 돈도 많아졌거든. 그러다가 사업을 위해 쓴 돈을 증명하면 그만큼 세금이 줄어든다는 얘기를 듣게 됐어. 그래서 김씨는 세무서를 찾아가서 개인사업자 등록을 했어. 이제 사업을 위해 쓴 비용에 대해서는 절세 혜택을 받을 수 있게 됐지. 회사 이름도 하나 지어야 했어. '김씨운수'라는 투박한 이름을 짓고 간판부터 달았어.

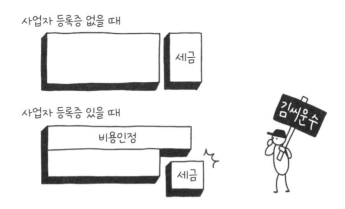

김씨는 여전히 이유를 몰랐지만, 멀리서 나루터를 찾아오는 손님은 계속 늘어났어. 늘어나는 손님을 받으려면 배가 한두 척 더 필요했고, 또 뱃사공도 필요했지. 늘어나는 손님을 다 받을 수만 있다면 쉽게 부자가 될 수 있을 것이라 기대했어.

배를 더 만들고 뱃사공을 고용하기 위해 김씨는 돈이 필요했지만, 이제 막 소득이 늘어나고 있는 시점이라 가진 돈으로 일을 벌이기엔 턱없이 부족했어. 그래서 김씨는 은행에 가서 대출을 신청했어. 은행에서는 다음 세 가지를 알려 달라고 했어. 매출, 이익, 기업가치. '김씨운수'가 1년간 손님들에게 받은 탑승료는 2억 원이었어. 그중에서 배 수리비와 기타 비용을 제외하고 나니 1억 원이 남았어. 그래서 매출은 2억 원, 이익은 1억 원이라고 적었지.

김씨는 기업가치에 얼마를 써야 할지 몰랐어. 그 이유는 두 가지였어.

첫째, 개인재산과 회사재산의 구분이 없었어. 통장을 펼쳐 보아도 무엇이 김씨 개인의 재산인지, 무엇이 회사의 재산 인지 불분명했지. 개인사업자로 등록하기 전의 습관대로 김씨는 회사재산과 개인재산을 구분하지 않고 살았어.

둘째, 기업가치를 계산하는 방법에 따른 차이가 있는 줄 몰랐어. 처음에 김씨는 회사재산(배 또는 기타 회사 물품들)을 모두 내다 팔았을 때 받는 금액을 기업가치라고 생각했어. 그런데 달리 보면 손님이 계속 늘어나는 상황에서 사업을 계속할 때 앞으로 벌어들일 돈까지 예상하여 기업가치를 계산하는 것이 맞다는 생각도 들었어.

그래서 김씨는 '기업가치' 칸을 비워 둔 채 은행에 서류를 제출했어. 그랬더니 은행에서는 아주 적은 금액을 대출해 줬어. 기업가치를 평가하기 곤란한 개인사업자에게는 많은 대출을 해 줄 수 없다고 하더라고. 당장 대출을 받아 배를 늘려야 했기에 우선 은행이 제시한 조건을 받아들였어.

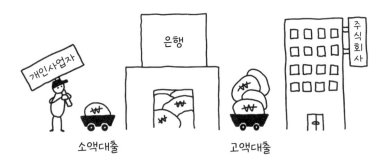

소액을 대출받은 김씨는 아쉬워했지. 좀 더 넉넉한 자금을 확보하면 좋았겠지만 은행에서는 딱 필요한 만큼만 대출을 해 줬어. 우선 배 한 척을 더 만들고, 뱃사공 한 사람을 더 뽑았지.

배 한 척이 늘어나면서 매출도 두 배로 늘어났지만, 부자가 되겠다는 김씨를 만족시킬 수는 없었어. 게다가 새로 고용한 뱃사공에게 나가는 임금이 있으니 개인사업자인 김씨에게 돌아오는 몫까지 두 배가 된 것은 아니었어.

박씨와 동업, 김씨운수㈜

여전히 영문도 모르고 손님은 계속 늘어나는 상황이 계속
되었어. 대출을 받아 사업 규모를 늘린 김씨는 수입이 늘
어났어. 만족한 건 아니었지만, 그래도 마당 딸린 이층집
에 고급 수입차를 모는 꿈이 멀지 않다고 느꼈어. 그러던 어
느 날, 나룻배를 자주 이용하는 외지 손님 박씨와 이야기를
나눌 기회가 있었지. 박씨는 사금을 캐는 사람이었어. 강
건너 마을에서 조금 더 들어간 산골짜기 개울가에서 사금
을 캘 수 있다는 거야. 거들먹거리며 박씨는 김씨에게 자랑
했지.

부자가 되고 싶은 욕심은 있었지만 김씨가 아는 돈벌이는
노 젓는 일 말고는 없었어. 늘어나는 손님을 보니 배를 몇
척 더 구하고 사람을 더 부려도 충분히 남을 만하다고 생각
했지. 이미 은행에서 한 번 대출을 받았으나 자금이 부족했
던 김씨는 박씨에게 2억 원을 빌려달라고 제안했어. 이자도
은행 이자보다 두 배를 쳐주겠다고 했어. 얼핏 들으면 솔깃
한 제안이지만 박씨는 단박에 이를 거절했어. 왜냐하면 이
미 김씨운수의 재산이 은행에 담보로 잡혀 있었기 때문이었
어.

사업가인 박씨는 그 대신 2억 원을 투자하겠다고 했어. 박씨가 보기에도 배를 타고 오가는 사람이 점점 늘어날 것으로 보였으니까. 2억 원은 큰돈이긴 하지만, 매번 오가는 나루터에서 줄지어 기다리는 손님을 봤을 때 충분히 투자할 만한 가치가 있다고 판단했어. 금 때문에 강 건너 마을이 북적거리기 시작했으니, 사금 캐는 사람 말고 여러 부류의 사람이 모여들면서 앞으로 마을이 더 커질 것 같았어. 강 건너 마을로 가는 유일한 경로에서 큰돈을 벌 수 있겠다고 생각한 거야.

그런데 투자를 결정한 이후에 정해야 할 것이 있었지.

첫째, 이 회사는 누구의 것일까? 지금까지는 개인사업자였지만, 박씨의 투자금이 들어오기 위해서는 회사의 형식이 주식회사로 먼저 바뀌어야만 했어. 왜냐하면 투자자에게 회사 지분을 나누어 주어야 하기 때문이야. 세상에 그 누가 지분을 받지 않고 투자금을 주겠어? 그런데 지분을 나누어 주는 방법은 주식회사가 거의 유일한 방법이야. 회사의 소유를 의미하는 주식을 발행한 후, 투자자에게 주식을 나누어 주는 방식인 거지. 사실 그러려고 주식회사라는 제도가 있는 거야. 투자자에게 나누어 주라고.

투자하실 분?
투자하면 주식을 드려요.

주식회사

주식회사는 주식의 발행을 통해 여러 사람으로부터 자금을 조달받고 설립된 회사이다. 주식이란 자금을 낸 액수(출자액)를 표시한 증권을 말하고, 주식을 가진 사람, 즉 회사에 출자한 사람을 주주라고 한다. 주식회사의 특징은 다음 세 가지로 나누어 볼 수 있다.

① 소유와 경영의 분리

주식회사에서는 주주가 주식의 소유 비율에 따라 회사를 소유하고 의사결정권한을 갖는다. 주식회사의 최고 의사결정기구는 주주들의 모임인 주주총회지만, 주주총회로는 직접적인 경영권 행사가 어렵다. 때문에 주식회사에서는 주식의 분산과 함께 소유와 경영이 분리되는 특징이 있다. 대부분 소유는 '주주'가, 경영은 '이사'가 하는 분리가 나타나게 된다.

② 자본의 증권화

출자자의 주식은 주권으로 증권화되어서 매매 및 양도가 자유로운 유가증권이 된다. 주주는 언제든지 주식을 구입해 회사의 주주가 되는 동시에 언제든지 이를 매각하여 출자금을 회수할 수 있다. 또한 주식회사는 추가 자본이 필요할 때 새로운 주식, 즉 신주를 발행함으로써 자본을 조달할 수 있다.

③ 주주의 유한책임

주주는 회사에 대하여 주식의 인수가액(처음 인수할 때 주식의 가치)을 한도로 하여 출자의무를 부담할 뿐이며, 그 이상으로 회사에 출연할 책임을 부담하지 않는다. 따라서 회사가 채무초과상태에 있다고 하더라도 주주에게는 회사의 채권자에게 변제할 책임이 없다. 즉 주주는 회사의 채무를 변제하기 위해 자신의 개인자산을 사용할 필요가 없다. 주식회사를 청산할 때 변제해야 할 회사의 채무액이 자본금을 초과할 경우에도 출자한도 내에서만 책임을 진다.

그런데 진짜 문제는 지금부터야. 2억 원을 투자한 박씨에게는 얼마큼의 지분을 나누어 주어야 할까? 이 질문에 대답하기 위해서는 현재 회사의 가치를 측정해야만 했어. 만약 현재 회사의 가치가 2억 원이라면 김씨와 박씨의 지분은 5:5가 되는 식이야.

회사의 가치 측정 문제는 은행 대출 때도 이미 겪었기 때문에 이제는 김씨에게도 조금은 익숙한 문제였어. 기존 개인사업자인 '김씨운수'의 청산가치는 1억 원이었어. 배하고 회사 물품을 다 팔아 치우면 그 정도 돈이 나올 거라 계산했었거든. 박씨는 1억만 쓰면 원래의 '김씨운수' 같은 회사를 하나 차릴 수 있을 것이라 생각했어. 그런데, 박씨는 자신의 투자금이 그보다 더 크기 때문에 '김씨운수'는 자신의 소유가 되어야 한다고 말했어. 하지만 김씨의 생각은 달랐지. 박씨가 투자하겠다는 2억 원은 1년 정도면 벌 수 있는 금액이었어. 따라서 김씨는 앞으로 '김씨운수'가 벌어들일 돈의 가치까지 생각하면 '김씨운수'의 기업가치는 10억이라고 주장했어.

청산가치
1억?

미래 기업가치
10억?

김씨운수의 가치

누구의 말이 맞고 틀리고는 없겠지. 두 사람은 긴 협상을 했고, 투자가 들어오기 전 '김씨운수'의 가치를 8억 원으로 정했어. 박씨가 여기에 2억 원을 투자한다면 총 10억 원의 기업가치를 가진 주식회사가 될 수 있는 거야.

지금까지 개인사업자로 운영해 온 '김씨운수'의 몫이 8억 원이고, 이는 모두 김씨의 지분으로 인정돼. 그리고 새로 들어온 박씨의 2억 원 투자금만큼 박씨가 지분을 갖기로 했지. 이렇게 해서 총 10억 원의 기업가치를 가진 '김씨운수㈜', 그러니까 '김씨운수 주식회사'가 탄생했어. 두 사람의 지분을 백분율로 표시하면 김씨가 80%, 박씨가 20%를 갖고 있는 것이지.

김씨운수(주)의 가치 : 10억

김씨 80%   박씨 20%

둘째, 회사의 이익 가운데 박씨의 몫은 어느 정도일까? 김씨는 갑자기 몸이 아파서 더 이상 일을 할 수 없는 상황이 되었어. 일은 오직 박씨와 다른 직원들이 해야 했어. 그래서 박씨는 기분이 안 좋았지. 일은 박씨 혼자서 하고, 그로 인한 회사의 수입은 대부분 김씨가 가져가는 상황이었으니까. 김씨도 이 상황이 문제라고 인정했어. 그래서 박씨 역시 다른 직원들처럼 월급을 받기로 했어. 월급은 얼마가 좋을까? 박씨의 월급은 김씨 마음대로 정할 수 있었어. 왜냐하면 김씨는 이 회사 지분의 80%를 가지고 있었으니까.

얼마 후 박씨 역시 몸이 안 좋아졌어. 그래서 직원들 중에서 사장을 뽑기로 했어. 그 직원은 지분은 없고 월급만 받는 사장이 된 거야.

그리고 얼마 후 세 번째 문제가 드러났어. 두 사람 모두 월급을 받지 않으니 생활비가 없었어. 그래서 회사 수익금을 가져다 써야 하는 상황이었어. 이때 김씨는 매우 기분이 좋지 않았어. 왜냐하면 회사 돈을 가져다 쓰려면 박씨의 허락을 받아야 하는 상황이었기 때문이야. 게다가 회사 물품이나 배 역시 이전처럼 마음대로 사용할 수 없었어. 수익금을 가져다 쓰려면 김씨와 박씨 둘이 협의해서 나누어 써야 했고, 개인적으로 배를 이용하려면 정해진 임대료를 회사에 내야만 했어.

회사재산을 개인재산으로부터 엄격하게 분리하는 것은, 그 자체가 목적은 아니야. 오히려 불편한 일만 가득한 일이야. 그럼에도 주식회사를 만드는 이유는 다른 사람들로부터 투자를 받기 위해서야. 김씨 역시 박씨의 2억 원 투자를 받기 위해 주식회사를 설립했고, 그에 따른 불편함을 감수해 왔어. 주식회사의 회사재산은 개인재산과 완벽하게 분리되어 있어. 아무리 회사의 대표라 하더라도 개인재산처럼 회사재산을 쓸 수가 없는 것이지.

땅문서를 가진 자가 땅을 소유하듯이, 주식회사에선 주식을 소유하는 것이 그 회사를 소유하는 거야. 만약 주식을 단 1장만 발행한다면, 그 회사의 주인은 1명일 수밖에 없겠지. 그럼 마치 땅문서와 비슷한 느낌이겠지.

하지만 이것은 바보 같은 짓이야. 왜냐하면 투자를 받을 수 없게 되니까. 두 사람이 나누기 위해 한 장의 주식 증권을 찢는다면 그것은 휴지 조각에 불과한 거야. 그래서 보통은 주식을 여러 장 발행하게 돼.

만약 이 회사를 완전히 소유하고 싶다면 주식 8만 장을 모두 사들이면 돼. 따라서 이 회사 주식 1장의 가격이 1만 원이라면, 이 회사의 가치는 8억 원이 돼. 만약 이 회사 주식 가격이 1.1만 원으로 오른다면 이 회사의 가치는 8억8천만 원이 돼. 여기서 1.1만 원을 주식의 현재 가격이라는 의미에서 시가라고 부르고, 8억8천만 원을 시가총액이라고 불러.

시가총액 = 시가(1.1만 원) × 발행주식수(8만 장) = 8.8억 원

개인사업자였던 '김씨운수' 역시 처음부터 주식회사로 만들었다면 박씨의 투자금을 받는 일이 훨씬 간단했을 거야. 시간을 되돌려서 주주가 1명인 1인 주식회사를 먼저 만들어 볼게. 이 회사의 자본금을 8천만 원으로 정했어. 8천만 원이라는 최초의 자본금을 8만 장의 주식으로 나눠 볼게. 그러면 1장당 1,000원이 되고 이를 액면가라고 불러.

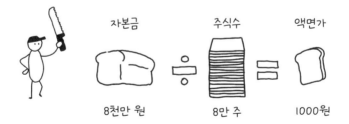

액면가라는 말은 오래된 화폐에서도 등장해. 오래된 1원
짜리 지폐는 현재 100만 원에 거래되기도 해. 지폐에 적힌
액수보다 골동품으로서의 가치가 더 커진 결과지. 이 경우
액면가와 시장가는 100만 배 차이가 돼.

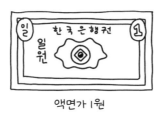

액면가 1원

김씨는 '김씨운수㈜'의 주식을 액면가에 팔 생각이 전혀 없겠지? 김씨는 1주당 1만 원은 받아야 한다고 생각했어. 물론 가격은 김씨가 정하는 것이 아니라, 시장에서 정해지는 것이지만 말이야. 그 얘긴 나중에 하기로 하고 일단 주당 1만 원으로 가격이 정해졌다고 치자.

그런데 한 가지 문제가 있었어. 1주당 1만 원에 주식을 누군 가에게 판다 해도, 그렇게 해서 얻은 돈은 회사의 것이 아니 었어. 그 돈은 모두 김씨 개인의 통장으로 들어갔지. 돈이 필요한 것은 김씨가 아니라 '김씨운수㈜'인데 말이야.

그래서 회사에 투자금이 들어가게 하려면 주식을 추가로 발행하는 방식이 좋아. 김씨는 '김씨운수㈜' 주식 2만 주를 추가 발행하기로 했어. 주식수는 다 합해서 10만 주로 늘어나게 되는 것이지. 그리고 박씨가 2억 원을 자본으로 추가해서 주당 1만 원의 가격으로 주식 2만 주를 소유하게 되어 20%의 지분을 확보했어. 회사는 2억 원의 자금을 새로운 주주인 박씨로부터 조달한 거야.

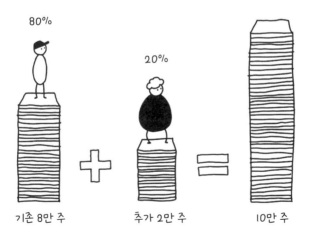

새로 회사에 들어온 투자금은 자본에 포함돼. 주식수가 2만 주 증가했으므로 증자라고 불러. 회사가 박씨에게 돈을 받고 주식을 유상으로 팔았기 때문에 유상증자라고 할 수 있지. 유상증자 덕분에 회사의 자본은 2억 8천만 원이 되었어. 주당 1만 원인 주식도 10만 주로 늘어나서 시가총액은 10억 원이 되었지.

자본 : 2억 8천 만 원

시가총액 : 10억 원
(1만 원 × 10만 주)

그럼 다시 돌아가서 생각해 볼까? 처음 개인사업자 '김씨운수'에서 시작해서 투자자 박씨를 만나 주식회사가 된 것과 처음부터 김씨 홀로 '김씨운수(주)'를 설립하여 유상증자하는 것의 차이가 무엇인지 알겠어?

전자의 경우 김씨와 박씨가 회사의 가치에 대해 서로 의견이 달라 합의점을 찾는 과정이 필요했지. 개인사업자 '김씨운수'의 회사가치를 10억으로 볼지 1억으로 볼지 서로 의견이 달랐어.

전자의 경우. 김씨운수 → 김씨운수(주)

하지만 후자의 경우 이미 '김씨운수㈜' 주식 1주의 가격이 정해져 있었기 때문에 기준점이 명확했다는 점에서 차이가 있지. 그래서 창업하는 입장에서는 회사를 설립할 때 개인 사업자로 시작할지, 아니면 주식회사로 시작할지 결정하는 것도 중요한 의사결정 중 하나야. 만약 사업 초기부터 외부 투자 유치를 목표로 한다면 주주가 1명이라도 처음부터 주식회사를 설립하는 것이 유리하겠지.

시가 1만 원　　　　　시가 1만 원

후자의 경우. 김씨운수㈜ → 유상증자로 박씨 참여

그런데 우리가 아는 주식시장에는 이렇게 두 명의 주주만 존재하는 회사는 없겠지? 당연하지. 주식시장에 주식을 공개할 때는 일반 대중이 주주로 참여하는 것을 목적으로 하기 때문에 두 명만 주주인 경우는 있을 수 없어. '김씨운수 ㈜'의 경우와 같이 소수로부터 투자금을 모으는 것을 사모라고 부르고, 공개적으로 불특정 다수로부터 투자금을 모으는 것을 공모라고 불러.

GOLD MAN 장씨
주식회사의 진수를 보여 주다

박씨가 강 건너 마을에서 사금 캐는 일을 그만두고 김씨와 동업하는 것은 그저 무모한 결정이 아니었어. 그에겐 따로 믿는 구석이 있었거든. 박씨와 동료들은 강 건너 마을에서 사금 캐는 일에 자리를 잡고 넉넉한 수입을 올리고 있었지. 그런데, 갑자기 어마어마한 소식이 들려온 거야. 사금을 캐는 정도가 아니라, 거대한 금맥이 발견되어 나라에서 가장 큰 광산이 개발될 것이라는 소식이었지. 박씨는 물론, 어느 정도 종잣돈을 갖고 있는 박씨의 동료들에게도 큰 희망을 안겨 주는 소식이었지.

금광 개발회사 파고파㈜ 설립

사금을 캘 수 있는 곳 주변에는 금맥을 찾겠다는 사람들이 몰리기 마련이지. 김씨네 배에 손님이 늘었던 이유 중 하나도 그거였어. 원래 박씨는 눈앞에 있는 사금에 만족하는 사람이었지. 사금만 캐도 넉넉하게 먹고사는 데는 지장이 없고 미래를 위해 저축도 할 수 있으니까. 그러던 어느 날, 사금 캐는 사람들이 작업하는 곳으로 낯선 남자가 나타나 설명회를 열고 싶다는 거야. 그의 별명은 GOLD MAN, 장씨였어.

장씨는 금맥을 찾는 기술이 있는 사람인데, 그동안 찾아낸 큰 금맥만 꼽아도 다섯 손가락을 넘는다고 했어. 그런데 자본이 없어서 남 좋은 일만 시켜 주고 자신의 수중엔 그리 남는 것이 없었지. 물론 넉넉한 살림은 할 수 있었지만, 그가 발견했던 금맥의 가치에 비해서는 보잘것없는 수준이었어. 장씨는 이런 상황에 불만을 가졌지. 방법은 하나밖에 없지 않겠어? 스스로 사장이 돼야지.

장씨에겐 금맥을 찾는 기술은 있었지만, 금광을 개발할 만한 자본이 없었어. 그가 금광을 개발할 만큼 충분한 자본을 얻으려면 어떻게 해야 할까?

첫째, 금광을 개발할 정도로 자본을 모을 때까지 근로소득을 저축한다. 하지만 어느 세월에? 둘째, 은행으로부터 대출을 받는다. 하지만 금광을 개발할 만큼 많은 액수는 개인이 대출받기가 어려워. 비록 장씨가 금맥을 찾는 기술 덕분에 근로소득자로서 상위 1% 안에 든다고 해도 말이야. 셋째, 주식회사를 설립하여 자본을 모은다. 사실상 이 방법밖에 없지.

장씨가 사금 캐는 사람들에게 제안한 내용은 간단했어. 자신의 경험에 비추어 볼 때 거대한 금광을 개발할 만한 금맥이 있다는 걸 확신한다는 거야. 광산을 개발하려면 아무리 적어도 100억 원은 필요한데, 30억 원이 장씨가 내놓을 수 있는 재산의 전부였어. 그래서 모자란 70억 원을 투자 받으려고 부자들을 만나러 다녔지. 그런데 부자란 아무래도 의심이 많은 사람 아니겠어? 장씨가 아무리 설명을 해 줘도 들으려 하지 않는다는 거야.

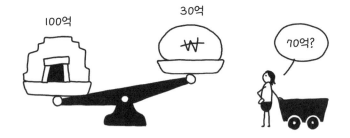

그래서 금을 잘 알고, 이 지역의 가능성을 잘 아는 사람을
만나 이야기하기로 했대. 새로 만들어질 광산 개발회사에
주주로 참여하라는 거지. 만약 100억 원짜리 회사에 1억 원
을 내놓고 주주로 참여한다면, 1%만큼 회사의 주인이 되는
거야. 장씨는 사금을 캐는 사람들의 심리를 이용해 설득하
려고 했어. 회사의 주인이 되면 사금 캐는 노동을 하지 않고
서도 큰 부자가 될 수 있다고 유혹했지.

어떤 사람은 장씨의 계획을 더 많이 신뢰해서 5억 원을 내놓을 수도 있겠지. 그렇다면 그는 1억 원을 투자한 사람보다 다섯 배 많은 의결권을 갖게 되는 거야. 말이 좀 어렵지? 간단히 말해 의결권이란 회사의 정책을 결정할 수 있는 권리이고, 주식 지분을 더 많이 갖고 있는 사람이 더 많은 권리를 갖는 것이지. 주식회사에서 1인 1표와 같은 민주주의는 없어. 자신의 지분만큼의 의결권을 갖게 되는 거야.

장씨의 설명을 듣고 나서 박씨와 그의 동료들 사이에서 불꽃 튀는 논쟁이 벌어졌어. 이번 기회에 허리 아프게 쪼그려 앉아 일하는 신세를 면해 보자는 이들이 먼저 목소리를 높였지. 반면 자신은 눈앞에 있는 사금만을 믿고 땀 흘린 만큼 먹고살 수 있는 걸로 만족하니 무리하기는 싫다는 얘기도 나왔어. 아무래도 금을 만지는 사람들이라 보통 사람들보다 벌이는 좋았지만, 그들이 생각하는 세계가 넓지는 않았지.

처음에 반신반의했던 박씨는 장씨의 설명을 듣고 난 후에 3억 원을 투자하기로 결정했어. 3%만큼 금광 개발회사의 주인이 되는 셈이지. 주변 사람들 중에는 5억 원을 투자한 사람도 있었고, 장씨를 못 믿겠다고 전혀 투자하지 않는 사람들도 있었지. 그래도 대부분 금의 가치를 아는 사람들이라 필요한 자본금 100억 원에서 장씨의 초기 자본금 30억 원을 제외하고, 모자란 70억 원의 자본금이 금방 모였어. 이제 광산 개발회사인 '파고파 주식회사'가 설립된 거야.

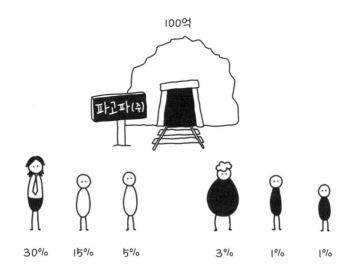

그럼 '파고파(㈜)'의 주인은 누구일까? 당연히 주식회사의 주인은 주주 모두이지. 자신의 지분만큼 소유하고 있다고 생각하면 돼. 주식회사에서 주주는 회사의 이익에 따라 배당받을 권리가 있어. 만약 회사가 어려워지더라도 자신이 투자한 금액만큼만 책임을 지면 돼. 그 이상의 손실에 대해 책임질 필요는 없어.

그런데 모두가 주인이라면 의사 결정은 어떻게 할까?

회사의 정책 방향을 결정짓는 주요한 의사 결정은 이사회에서 내려. 이사회는 우두머리인 의장의 지휘 아래 큰 결정을 내리고 법적인 책임을 지는 사람들이 모인 곳이지. 보통 가장 많은 지분을 가진 사람이 의장을 맡게 되지만 그렇지 않은 경우도 있어. 일반적인 회사에서는 일상적인 영업 활동에 관한 결정을 경영진이 내리지. 그리고 경영진을 대표해 최종적인 책임을 지는 사람이 대표이사, 즉 CEO야. 규모가 작은 회사일 경우 이사회 의장과 대표이사가 같은 경우가 많지만, 규모가 큰 상장회사의 경우 이사회에서 대표이사를 별도로 선임하게 돼.

파고파㈜의 초기 주주 모두 장씨가 이사회 의장과 대표이사를 맡는 데 동의했지. 그가 없었다면 회사 설립도 없었을 테니까. 대부분의 주주가 반신반의하는 상황에서도 장씨는 무서운 추진력을 가지고 일을 진행시켜서 금광을 개발하는 데 성공했어. 하지만 아직은 절반의 성공이라 할 수 있지. 첫술에 배부를 리 없잖아? 금광에서 금을 캐내는 데는 성공했지만 아직 큰 규모는 아니라서 추가적인 투자가 필요한 상황이야. 그래도 이익은 났기 때문에 박씨는 사금을 캐는 일을 하는 동안에도 두 번이나 배당을 받았어.

박씨는 공짜로 돈을 얻는 것 같은 기분도 들었지만 사실은 그게 아니지. 금광 개발이 불확실한 상황에서 그가 내린 결정에 대한 보상이야. 그가 얻은 것은 이익에 따른 배당뿐만이 아니야. 그가 가진 주식의 가치도 상승했지. 배당을 2년 연속 줄 정도로 견실한 회사라면 그의 주식은 처음에 투자했던 3억 원보다 더 높은 가치로 평가받을 수 있을 거야.

배당 2회   주식 가치 상승

반대로 이런 상황도 있을 수 있지. 금맥이 존재한 것은 맞지만 금광을 개발할 만큼 매장량이 있는 것이 아니라서 개발을 포기해야 하는 상황 말이야. 돈은 돈대로 끌어다 써도 손실을 볼 게 불 보듯 뻔한 상황이라면 개발하지 않는 것이 현명한 선택이지 않겠어? 만약 그렇게 되면 박씨가 소유한 3억 원의 증권도 휴지 조각이 되어 버릴 테고. 그래도 어쩔 수 없지. 무언가에 투자한다는 것은 그만큼 원금 손실의 가능성을 인지한다는 걸 의미하니까.

만약 장씨의 사업 설명회를 듣고 박씨가 3억 원을 투자하여 주주가 되는 대신, 3억 원을 빌려줬다면 어떻게 됐을까? 같은 3억 원이라도 그 결과가 달라져. 금광이 어마어마하게 성공하더라도 3억 원을 빌려줬을 경우 처음에 약속한 이자만 받게 되겠지. 반면 3억 원의 지분 투자는 배당으로 얻는 소득에 더해 주식 가치의 상승도 기대해 볼 수 있어. 당연히 금광 개발이 성공한다면 투자로 얻는 소득은 이자 소득과는 비교도 할 수 없이 크지.

3억 원 대여	3억 원 투자

배당소득 쌓이고, 주식 가치 오르고

반대로 결국 금광을 개발하지 못하고 회사가 망하는 경우에도 두 선택의 결과가 달라져. 만약 박씨가 장씨에게 3억 원을 빌려줬다면, 어떻게든 박씨가 장씨로부터 돈을 받아 낼 법적인 권리가 있어. 소송을 통해서 장씨의 재산을 가압류할 수도 있을 거야. 그런데, 3억 원을 투자한 경우라면 얘기가 달라지지. 회사 가치가 떨어진 만큼 최초 3억 원이었던 주식의 가격이 떨어져 있을 거야. 최악의 경우 주식의 가치가 0원에 가깝게 되어 휴지 조각과 다름이 없는 상황이 될 수도 있어. 생각만 해도 끔찍하지? 3억 원이라는 돈을 썼는데, 휴지 조각이라니….

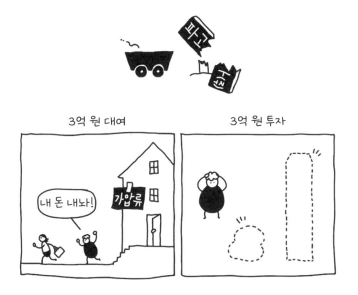

3억 원 대여   3억 원 투자

모든 투자 결정에는 책임이 따르는 법이지. 반대로 위험을 감수한 만큼 큰 이익을 볼 수도 있는 거야. 그렇기 때문에 공부가 필요하지. 박씨는 장씨 덕분에 주식회사를 만드는 것에 대해 처음 알게 됐어. 그 이후로는 혼자서 공부를 많이 했지.

그렇게 박씨는 투자의 세계에 눈을 뜨게 된 거야.

투자의 세계를 알기 전까지 박씨는 열심히 일하는 것이 최고라고 생각했어. 젊은 시절 우연히 배웠던 사금 캐는 기술 하나만 있으면 먹고사는 데 지장이 없다고 봤거든. 하지만 사금 캐는 일도 언제까지 할 수 있을지 모르는 일이잖아. 영원히 마르지 않는 금맥이란 없어. 늘 금을 찾아 떠돌아다녀야 하는 신세에, 점점 허리 통증도 심해지고. 그래도 아는 것이 힘이라고, 박씨가 투자를 공부한 이후에 삶에 대해 자신감도 생기고, 더 넓은 세상을 만나보고 싶다는 욕심이 생긴 거야.

박씨는 처음엔 남들이 하듯이 증권사 앱을 깔고 종목을 비교하는 걸로 시작했어. 책에서 배운 이론으로 무장했지만 막상 어떤 종목이 괜찮은 것인지 확신이 안 서더라고. 소액으로 투자 공부한 셈 치고 무작정 들이댄 종목에서 몇 달 만에 10% 정도 수익률을 올리기는 했어. 그렇다고 투자 금액을 무턱대고 키웠다가는 손실을 볼까 봐 걱정이 됐어. 가치투자를 강조하는 책에는 이런 말이 있었어. 자신이 가장 잘아는 기업에 투자하라고.

박씨는 자신이 잘 아는 기업 중에 주식 가격이 낮게 평가를 받는 회사가 어디일까 고민했어. 많은 사람들이 관심을 갖고 있는 주식은 이미 높은 가격대라 수익률이 낮지 않을까 의심이 들었지. 사람들이 아직 저평가된 주식이라고 하는 회사가 있어도 박씨가 그 회사에 대해 잘 모르니 미래를 점칠 수가 없었지. 그런 고민을 하면서 평소와 같이 나루터에 갔는데 눈에 김씨의 나룻배가 들어온 거야. 바로 이거다 싶었지.

박씨는 금광 개발 이전에도 사금 캐는 업자들 덕분에 강을 오가는 사람들이 많았지만, 금광 개발이 성공한다면 더 많은 사람들이 왕래할 것이라고 확신했지. 나룻배는 강을 건너게 해 주는 유일한 수단이니까 이 회사의 수입은 더욱 늘어날 거고. 그래서 박씨는 김씨에게 동업을 제안했던 거야.

지금까지 박씨의 투자는 모두 성공적이었어. 장씨의 사업 계획을 믿고 파고파㈜ 설립에 투자한 3억 원, 자신의 안목으로 김씨운수㈜의 장밋빛 미래를 보고 투자한 2억 원, 모두 5억 원의 투자가 성공한 거야. 파고파㈜에선 2년 연속으로 배당을 주었고, 기업 가치는 오르고 있었지. 김씨운수㈜도 꾸준히 수익이 나고 있고 김씨와 박씨 단 두 명만 지분을 갖고 있기 때문에 충분히 배당을 실행해서 현금을 손에 넣을 수 있어. 초심자의 행운이라고 할까? 박씨의 조상이 어떤 은덕을 쌓았는지 몰라도 박씨는 행운아인 게 분명해.

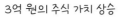

3억 원의 주식 가치 상승

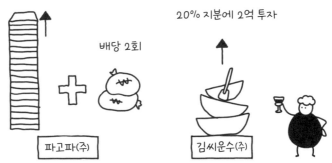

배당 2회

파고파㈜

20% 지분에 2억 투자

김씨운수㈜

어느 날 박씨에게 옛 동료로부터 연락이 왔어. 이미 개발된 광산보다 더 큰 규모의 광산을 개발할 정도의 금맥이 발견되었다는 거야. 흥분한 박씨는 김씨에게 자랑도 할 겸 같이 가자고 약속했는데, 마침 파고파㈜로부터 우편물이 왔어. 임시주주총회 소집을 알리는 우편이었지. 통지서에 인쇄된 이번 임시주주총회의 목적은 단 한 줄이었어. 기업공개에 관한 건.

기업공개로 활짝 날개를 편 파고파(주)

기업공개라는 단어를 보고 박씨는 더욱 흥분할 수밖에 없었지. 옆에서 지켜보던 김씨가 기업공개가 뭐길래 그렇게 기뻐하냐고 물었어. 박씨는 한껏 더 크게 웃으며 마치 세상을 다 가진 것처럼 호탕한 웃음을 지었지.

기업공개란 공개된 주식시장에 데뷔하는 것이야. 공개된 주식시장에서 거래되는 주식은 상장주식이라고 부르지. 그 전까지 파고파㈜의 주식은 장외시장에서 거래되는 주식이었어. 이런 주식을 비상장주식이라고 불러. 말 그대로 시장 바깥인 그들만의 리그에서 거래되었다는 뜻이야. 우리가 아는 시장은 누구나 가게를 열고 물건을 사고팔 수 있는 곳이지. 하지만 주식시장은 달라. 공인된 기관에 의해 특별한 심사를 통과해야 공개된 주식시장에서 거래될 수 있는 자격을 가져. 우리나라의 경우 한국거래소가 심사를 하지. 대표적으로 유가증권시장(코스피시장)과 코스닥시장이라는 두 개의 시장이 있어.

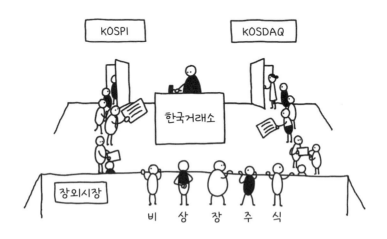

한국거래소,
유가증권시장과 코스닥시장

① 한국거래소

한국거래소는 대한민국의 주식시장을 운영하는 공식 기관이다. 한국거래소는 증권사를 비롯한 금융회사가 출자해서 만든 주식회사인데, 자신의 이익보다는 오로지 거래소를 공정하고 안정적으로 운영하는 것을 목적으로 한다.

② 유가증권시장

1956년부터 유가증권시장이 존재했고, 우리나라를 대표하는 주요 간판 기업이 유가증권시장에 상장되어 있다. 2025년 초 기준 848개 회사, 961개 종목이 상장되어 있다. 코스피 KOSPI 혹은 코스피지수는 유가증권시장에 상장된 회사들의 주식의 시가총액 종합에 관해 기준 시점(1980년 1월 4일을 100으로 잡음)과 비교 시점을 비교하여 나타낸 지표이다.

예컨대 오늘 코스피지수가 2,500 포인트라면 1980년 1월 4일 시점보다 25배(2,500÷100) 성장했다고 할 수 있다. 코스피는 한국의 주식시장을 대표하는 지수로, 주식시장의 전반적인 흐름을 파악하는 데 사용된다. 코스피지수를 쓰고 있는 유가증권시장을 코스피시장이라 부르기도 한다.

③ 코스닥시장

코스닥 KOSDAQ은 1996년 설립된 대한민국의 주식시장으로, 첨단 기술주 중심인 미국의 나스닥 NASDAQ시장을 본떠 만들었다. 코스닥시장은 유가증권시장과는 규제 조치가 별개로 이루어지는 시장으로, 주로 중소기업이 상장되어 있다. 2025년 초 기준 1,788개 회사, 1,791개 종목이 상장되어 있다. 코스닥시장에도 시가총액의 총합을 기준으로 계산하는 종합지수가 있는데, 이를 코스닥지수라고 부른다. 1996년 7월 1일을 기준 시점(기준을 1,000으로 잡음)으로 하여 비교 시점의 주가 현황을 나타

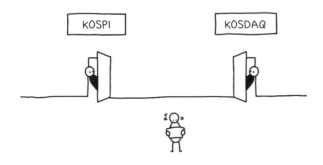

낸다. 처음에는 코스닥지수도 코스피지수와 마찬가지
로 기준을 100으로 잡았으나, 코스닥시장의 주가가 폭
락하면서 코스닥지수가 너무 낮아지자(2003년 37포인트),
시장의 미세한 변화를 보여주기 어렵게 되고 다른 지
수와 비교하기도 어려워지는 등의 문제점이 제기됐다.
이에 2004년 1월부터 기준지수를 100에서 1,000으로
조정해서 산출하게 되었다.

기뻐하는 박씨를 옆에서 지켜본 김씨는 주주총회에 같이 가고 싶다고 얘기했어. 지금이라도 주주가 되면 참석할 수 있을 것이라 기대했지. 박씨는 안타깝지만 그럴 수 없다고 설명해 줬어. 우선 파고파㈜의 주주가 되는 것이 어려워. 비상장주식이라 누구나 쉽게 주주가 될 수 있는 것이 아니어서 기존 주주와 직접 주식 거래를 해야 하는데 박씨가 보기에 그렇게 할 주주는 없어 보인다는 거야.

만약 마음이 맞는 주주를 만나서 서로 합의하는 가격에 주식 거래가 이루어진다고 해도 이미 늦었어. 주주총회가 열리기 전에 참석 대상을 확정 짓는 날이 있거든. 바로 주주명부확정 기준일이라고 해. 이날을 기준으로 주주인 사람만이 주주총회에 참석할 자격을 갖는 것이지. 이번 임시주주총회에 대한 주주명부확정 기준일이 이미 지났기 때문에 김씨는 주식을 사더라도 주주 자격으로 주주총회에 참석할 수는 없어.

하지만 박씨가 참관만 할 수 있도록 얘기해 보겠다고 했어. 상장회사의 주주총회에는 많게는 수백 명의 사람이 모이지만, 파고파 주식회사는 비상장회사이고 주주들끼리 서로 같이 사금 캐는 일을 하던 동료들이라 말해 볼 수 있을 거래. 주주총회는 1년에 한 번 결산 이후에 하는 정기주주총회와 이번 일과 같이 주주총회의 결의가 필요한, 중요한 의사결정을 하기 위해 열리는 임시주주총회가 있어.

주주명부확정 기준일 기준으로 주식을 1주라도 가진 사람은 주주총회에 참석할 수 있는 권리를 갖고 있어. 하지만, 의결권은 지분에 따라 결정돼. 그래서 드라마에서 보는 것처럼 주주총회를 앞두고 자신의 편을 확보하려는 경쟁이 펼쳐지지. 대부분 지분율이 높은 주주들의 뜻대로 이사회와 경영진에서 어느 정도 결정을 하고 주주총회에서는 이를 승인하는 절차만 거친다고 보면 돼.

김씨와 박씨는 사이좋게 나룻배를 타고 강을 건너갔어. 주주총회에서 어떤 일이 일어날까? 들뜬 마음으로 김씨와 박씨는 주주총회 장소에 들어섰어. 앞서 말했듯이 일반적인 상장회사의 주주총회와 달리 파고파㈜의 주주총회 장소는 조촐했어. 파고파㈜의 주주는 모두 20명에 불과했거든. 대표이사 장씨가 가장 많은 지분인 30%를 보유하고 있지. 그리고 온 집안 식구를 설득해서 투자금을 모은 주씨가 15%의 지분을 갖고 있어. 나머지 동료들은 각자 처지에 맞게 1~5%의 지분을 가진 주주였어. 오랜만에 옛 동료들을 만난 박씨는 반가운 표정으로 서로 인사를 나눴지만, 예전의 끈끈했던 동료애와는 다른 분위기가 느껴지는 거야. 무언가 박씨를 의심하는 눈초리?

박씨가....

수군 수군~~

모두 서로 인사를 나누고 총회 시작을 십여 분 남겨 두었을 무렵, 같이 사금 캤던 시절에 가장 죽이 잘 맞았던 신씨가 조용히 박씨를 따로 불렀어. 신씨는 박씨가 노선을 분명히 해야 한다고 충고했어. 새로 발견된 금맥을 개발하는 건 아직 확정된 게 아니었지. 기업공개도 개발 여부에 달려 있었어. 주주들도 두 파로 나눠져 있었지. 한쪽은 기업공개에 찬성하는 장씨파였어. 국내 최대 광산으로 개발이 성공할 가능성이 크니 당장 자금을 확보해야 한다고 주장하는 쪽이었지. 그리고 다른 한쪽은 기업공개에 반대하는 주씨파였어. 이들은 무리하게 사업을 확장하다 회사가 거덜 날 수도 있고, 기업공개를 해서 상장을 하면 자신들의 지분이 낮아진다며 반대하고 있었지. 지금 정확히 49:48로 장씨파가 1% 지분율을 더 확보하고 있는데, 3%의 지분을 가진 박씨의 선택에 모든 게 달려 있는 상황이지.

49%　　　3%　　　48%

어떤 선택을 해도 과거의 동료를 배신하게 될 수밖에 없는 상황에 놓인 박씨는 참으로 난처했어. 총회가 시작하기까지 10분도 안 남았는데 이제야 이런 사실을 알게 되다니…. 뒤늦게 상황을 파악한 김씨도 황당하다는 표정을 지었어. "아니, 대표이사가 마음대로 결정할 수 있는 거 아닌가?" 박씨는 절레절레 고개를 흔들었지. "그게 주식회사야. 다른 주주들이 모두 뜻을 모으면 대표이사도 해임할 수 있다고."

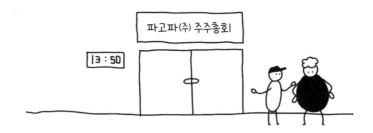

주주총회가 시작됐어. 안건은 단 하나. 기업공개에 관한 건이지. 기업공개를 통해 1,500억 원의 투자금을 모으기를 원하는데 이 자금의 대부분은 새로운 광산을 개발하는 것에 쓰일 것이라고 했어. 주주총회의 의장이자, 대표이사를 맡고 있는 장씨가 주주들 앞에서 국내 최대 광산 개발의 비전을 발표했어. 그 비전에 따르면 국내 최대 광산 개발에 성공하여 회사가 막대한 이익을 얻고 초기 주주들이 더욱 부자가 될 것 같았지. 장씨는 1,500억 원의 투자금 유치를 위해 기업공개는 필수라고 강력히 주장했어.

안건을 올린 장씨의 발표에 이어서 주씨가 반대 토론을 했어. 주씨는 먼저 이미 개발된 광산으로도 충분하다는 의견을 내놓았어. 지금까지 사금을 캐면서 풍족하게 돈을 모았고, 파고파㈜의 주주로서 매년 받는 배당금으로도 자신은 충분히 만족한다는 거야. 더 이상 무리할 필요가 없다는 거지. 게다가 금광 개발이란 게 언제나 실패의 가능성을 갖고 있는데도 섣불리 주주를 늘렸다가는 기존 주주의 지분율만 떨어지고 회사는 위험을 짊어져야 할 거라는 거야. 지금까지 잘 살아왔는데 굳이 위험한 선택을 할 필요가 없다고 주장했지.

만약 대표이사 장씨가 원하는대로 기업공개로 1,500억 원의 자본이 추가로 모아지면 어떤 일이 일어날까? 현재 파고파㈜의 주주는 모두 20명이고, 최초 자본금은 100억 원으로 시작해서 그동안 주주와 자본금 모두 아무런 변화가 없었어. 처음 파고파㈜가 설립되었을 때 기업 가치는 100억 원이었지. 지금은 광산 개발도 성공해서 금을 판매하고 있고, 벌써 두 번이나 배당을 할 정도로 회사 경영이 안정화되었기 때문에 기업가치가 100억 원 이상인 것은 자명한 사실이야.

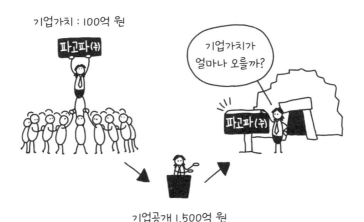

만일 파고파㈜가 상장회사였다면 매일매일 시장에서 1주의 가격이 정해지고, 그 주가에 주식수를 곱하면 그것이 바로 시가총액, 즉 파고파㈜의 기업가치가 되겠지. 그런데 알다시피 파고파㈜는 아직 비상장회사이고, 회사 설립 이후 단 한 번도 주주가 변하거나 추가로 투자금이 들어온 적이 없었어. 처음 설립할 때 1주의 액면가(보통 5,000원)에 주식수를 곱한 만큼이 시가총액이고 그것이 100억 원으로 고정됐지.

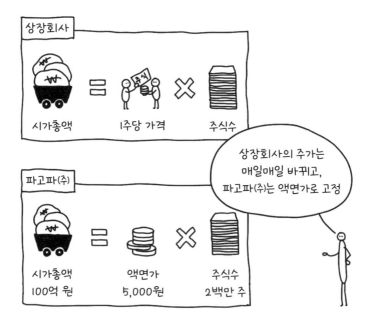

이건 마치 어떤 지역의 아파트 시세를 논할 때 몇 년 동안 거래가 한 건도 없는 경우 그 아파트의 시세가 변하지 않는 것과 같은 이치야. 단 한 건이라도 거래가 일어나야 그 아파트의 시장 가치가 변하게 되는 것이지. 만약 상장하지 않은 상태더라도 파고파㈜의 주식이 단 1주라도 거래가 되었다면 그 당시 거래 가격 기준으로 시가총액을 다시 계산할 수 있을 거야. 하지만 파고파㈜의 경우 주식 거래가 전혀 없었기 때문에 시가총액은 변하지 않았지.

파고파㈜ 주식을 상장한다는 말은 공개 주식시장에 올린다는 뜻이야. 공개 주식시장에서 주식이 거래될 수 있으려면 기업의 중요 정보를 공개하고 새로운 주주를 모집하는 기업공개 절차를 거쳐야 하지. 영어로는 IPO Initial Public Offering라고 불러. 기업공개 절차를 통해 상장할 자격이 있음을 인정받고, 공개 주식시장에서 최초로 거래될 주식의 가격을 정하게 돼. 이전에는 장외시장에서 거래되던 비상장주식이었다가 기업을 공개하여 주식시장 무대에 데뷔한다는 의미로 보면 이해하기 쉬울 거야.

비상장회사는 무엇을 원해서 기업공개를 하는 것일까? 가장 중요한 목적은 자본이야. 자본 확보를 위해서 공개된 주식시장에 나서는 것이지. 새로운 주식(신주)을 발행하고 새로운 주주에게 판매하여 그만큼의 자본을 조달하는 거야. 이때 1주당 가격은 당연히 최초의 액면가보다 훨씬 큰 금액이지. 만약 최초 설립했을 때와 기업가치가 변하지 않은 회사(물가 상승률을 고려하면 사실상 퇴보하는 회사)가 있다면 그 회사가 상장을 위한 요건을 갖췄을 리가 없잖아?

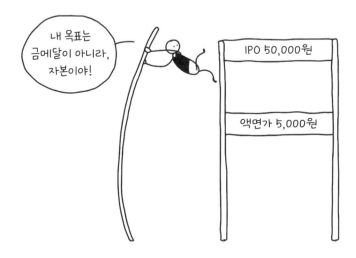

파고파㈜가 상장하면 박씨의 자산가치는 어마어마해지겠지? 박씨는 최초 액면가 5,000원짜리 주식 6만 주를 받고 3억 원을 투자했어. 만일 기업공개를 통해 1주 가격이 50,000원으로 결정되면 그가 보유한 파고파㈜ 주식의 가치는 50,000원×6만 주=30억 원이 되는 거야. 이래서 박씨가 처음 기업공개 소식을 들었을 때 쾌재를 부른 것이지!

액면가 5,000원 × 6만 주 = 3억 원   50,000원 × 6만 주 = 30억 원

그런데 지분율의 관점에서 보면 어떨까? 파고파㈜의 최초 발행 주식수가 200만 주였고 박씨의 주식이 6만 주였으니, 박씨는 6만÷200만×100=3% 의 지분을 보유하고 있었어. 그런데, 300만 주의 신주 공모를 통해 총 발행주식수가 500만 주로 늘어나고 박씨는 그대로 6만 주를 보유하고 있다면, 6만÷500만×100=1.2% 의 지분율로 낮아지지. 주씨 같이 보수적으로 판단하는 사람은 회사 경영권 방어에 위협을 느낄 수가 있어. 공개된 주식시장에 나서는 것이기 때문에 주식을 많이 사 모으는 사람에게 경영권이 넘어갈 위험을 감수해야 하는 것이지.

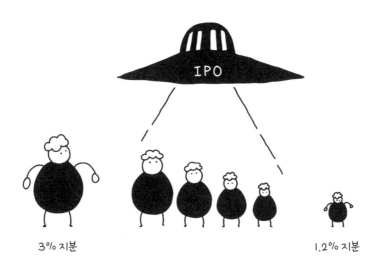

3% 지분

1.2% 지분

이제 코스닥시장 데뷔라는 중요한 선택을 결정해야 할 참이야. 앞서 이야기했듯이 장씨와 주씨가 각자 파고파㈜의 IPO에 관해 찬성과 반대의 논리를 주장했고, 이어서 다른 주주들이 자신의 의견을 피력했어. 이미 찬성과 반대 의견이 각각 49%, 48% 지분율로 팽팽하게 나뉘어 있었기 때문에 침을 튀기며 설명하는 주주들은 3% 지분을 가진 박씨만 바라보고 열변을 토했지.

"저의 의견은… 음, 음…." 이런 중요한 결정을 짧은 시간에 내리기 어려웠던 박씨는 자신의 발언 기회가 왔을 때 머뭇거리기만 했어. 공정한 회의 진행을 위해 최대주주인 장씨를 대신하여 임시 의장을 맡은 정씨가 잠시 회의를 멈추기를 제안했지. "자, 자. 강 건너온 박씨가 아직 고민할 시간이 필요한가 봐요. 20분간 정회하고 박씨 스스로 결정할 시간을 충분히 주도록 합시다. 20분 후에 회의를 속개하고 바로 결정하도록 하겠습니다."

박씨는 파고파㈜의 대표이사인 장씨를 신뢰했어. 그렇다고 해도 금광 개발이란 것이 늘 성공하는 것은 아니잖아. 설부른 투자로 회사가 위기에 빠진다면 지금까지 확보한 수익 기반도 무너질까 두려웠어. 반대로 이런 생각도 들었지. 박씨는 이미 김씨운수㈜라는 또 다른 수익원을 가지고 있잖아. 파고파㈜가 어려워진다고 해도 자신이 갖고 있는 주식의 가치가 떨어지는 것이지 당장 현금 손실이 있지는 않을 거야. 파고파㈜가 새로운 금광 개발에 성공한다면 사람들이 더 많이 모일 것이고, 자연스럽게 김씨운수㈜의 수익도 올라가겠지. 물론 신주 발행으로 인해 자신의 지분율이 떨어지긴 하겠지만, 3%나 1.2%나 큰 차이가 느껴지지 않았어.

다시 회의가 진행되었고, 바로 표결에 들어갔지. 임시 의장인 정씨가 발언대에 섰어. "이번 임시주주총회의 안건인 기업공개에 관한 건에 대한 투표 결과를 말씀드리겠습니다. 찬성 지분 52%, 반대 지분 48%로 파고파㈜는 기업공개를 추진하기로 결정하였음을 선포합니다!" 찬성파 주주들이 환호성을 지르며 박씨 주변으로 모여들었어. 반대파는 침울한 표정으로 고개를 숙였지. 회사 창립 이래 가장 중요한 결정이 났고, 회사는 운명의 갈림길에 놓이게 되었어.

찬성 52%   반대 48%

기업공개 과정과 공모가 결정

주식회사가 기업공개를 하기로 결정하면 증권사나 투자은행을 주관사로 지정하여 기업공개 절차를 시작한다. 기업공개를 통해 주식회사는 새로운 주식을 발행하고 이 주식을 살 사람을 공개적으로 모집하게 된다. 이때 팔 가격을 정해야 하는데 그것이 바로 공모가다.

주관사는 기업실사를 통해 기업가치를 분석해서 적정한 공모가를 산출하는데, 주로 최근 실적과 유사한 실적을 올린 기업의 기업가치를 고려하여 산출하는 방식(상대가치평가법)을 따른다. 주관사는 공모가 산정과 관련된 다양한 이슈를 검토하고, 규제 기관과 기관투자자가 받아들일 만한 공모가 범위(밴드)를 제시하기 위한 논리를 만든다.

이후 한국거래소에 상장예비심사를 청구한다. 한국거래소는 기업의 규모나 경영성과, 자산의 건전성, 기술의 가치 등 다양한 관점에서 평가하여 일정한 기준을 통과하면 상장할 수 있는 자격을 준다. 상장예비심사를 통과한 후에는 금융위원회에 증권신고서를 제출하고, 금융위원회는 공모의 적절성을 다시 한번 검토하게 된다.

이 과정까지 완료되면, 기업공개를 희망하는 기업과 주관사가 함께 기관투자자 및 예비투자자를 상대로 홍보 활동을 하여 공모 참여를 설득한다. 이와 같이 기업에 관한 정보를 기관투자자에게 제공하여 기업의 자금 조달을 목적으로 하는 홍보 활동을 IR Investor Relations 이라고 부른다. 이후 주관사는 기관투자자들을 상대로 수요예측이라는 사전 수요조사 활동을 한다. 기관투자자는 참여가격과 참여수량, 보유 확약기간 등을 설정하여 주관사에게 제출한다.

공모가는 수요예측 결과를 종합하여 최종적으로 결정하게 된다. 이 공모가를 기준으로 투자자를 대상으로 청약을 받고 투자자는 청약증거금을 납입하여 공모주를 받을 준비를 마친다. 기업공개를 통해 공모주로 풀리는 수량보다 청약물량이 많은 경우가 대부분이며 수백 대 일, 수천 대 일의 경쟁률을 기록하는 사례가 흔히 있다.

기업공개를 하기로 결정한 파고파㈜의 행보는 빨라졌어. 반대했던 주주들도 주주총회 이후에 대표이사 장씨에게 힘을 몰아주었지. 발 빠르게 주관사를 알아보고 믿음증권을 주관사로 선정했어. 믿음증권은 많은 IPO 경험을 통해 파고파㈜가 공개 주식시장에 성공적으로 데뷔를 하도록 도와주었어. 기존 금광을 통해 안정적인 수익이 난다는 점을 알리고, 새로운 금광 개발 후보지에서 시범 채굴을 하여 앞으로 더욱 성장할 것이라는 점을 보여줬지. 믿음증권의 리포트를 본 기관투자자들은 긍정적인 방향으로 투자를 검토했고, 믿음증권은 이를 언론에 알려 개인투자자로부터 많은 관심을 얻는 데 성공했어.

아이돌도 성공적으로 데뷔를 하려면 초반 홍보 전략이 가장 중요하잖아. 현재 기업가치에 합당한 평가를 받는 것이 중요하지만, 이왕이면 다홍치마라고 되도록 높은 가격으로 공모가가 결정되게 만드는 것도 주관사의 능력이지. 너도나도 관심 있는 회사가 된다면 가격이 오르는 것은 당연하잖아? 믿음증권은 국내 최대 금광 개발이 가능하다는 점을 알기 쉽고 분명하게 설명해 주었고, 만약 새로운 금광 개발이 성공한다면 미래에 얻게 되는 수익에 대해서도 확실한 비전을 제시해 주었지.

마침내 파고파㈜는 5만 원의 공모가로 코스닥 시장에 데뷔했어. 새롭게 주식이 상장되는 날에는 한국거래소에서 특별한 기념행사를 열어. 상장식이라고 부르는 이 행사에 모인 대주주들은 환호성을 지르며 기뻐했지. 마치 세상을 다 가진 듯한 기분이었어. 초기 주주 20인은 모두 자신의 주식 가치가 액면가 대비 10배가 되었어. 상장 전에 회사의 자본금은 100억 원이었어. 그동안 금광개발을 통해 쌓인 이익잉여금 400억 원을 더해 자본은 500억 원이 되었지. 그러다 이번에 주당 5만 원에 300만 주의 신주 발행을 하자 자본은 1,500억 원이 늘어나서 총 2,000억 원이 되었어. 이제 새로운 금광 개발에 필요한 충분한 자본이 확보된 거야.

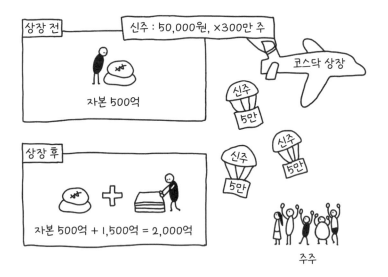

그렇다면 기업가치 측면에서는 어떻게 될까? 공개 주식시장에 50,000원의 공모가로 데뷔하는 그 순간 1주당 가격인 50,000원은 그 기업의 가치를 결정하는 척도가 돼. 실제 거래가 이루어진 가격이니까. 그러니까 총 발행주식수인 500만 주(기존 200만 주＋신규 공모주 300만 주)에 공모가인 50,000원을 곱하여 파고파㈜는 2,500억 원의 시가총액을 가진 기업으로 거듭난 거야.

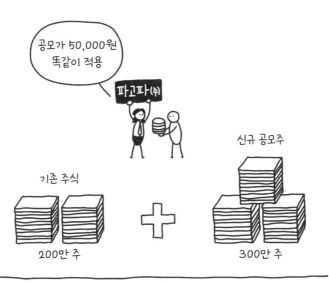

시가총액 = (공모가) 50,000원 × (총 발행주식수) 500만 주 = 2,500억 원

믿음증권이 워낙 적극적으로 홍보 활동을 잘했어. 게다가 유력한 기관투자자가 수요 예측 시 많은 물량으로 참여하겠다는 의사를 보인 덕분에 일반투자자의 청약 경쟁도 치열했지. 그런 열기를 잘 알고 있는 개인투자자들은 이날 장이 열리기만을 기다렸어. 왜냐하면 유망한 공모주를 사두면 고수익을 기대할 수 있기 때문이야. 아니나다를까, 장이 열리자마자 주가가 계속 올라가기 시작했어.

공개 주식시장에서 주식 매매가 이루어지는 원리는 간단해. 주식을 사려는 사람의 수요와 팔려는 사람의 공급이 만나는 가격과 수량으로 거래가 체결되고, 매매가 일어나는 순간의 1주당 가격이 시장가가 되는 거야. 만일 파고파㈜가 공개 주식시장에 데뷔하지 않았다면 개별 주주가 매수자를 일일이 찾아 나서야 했을 거야. 당연히 수요와 공급에 따라 가격이 결정되기 어렵고, 거래 자체가 드물게 일어날 수밖에 없지. 공개 주식시장에서 주가는 수요·공급의 법칙에 따라 결정돼. 즉, 수요가 많으면 가격이 오르고, 반대로 공급이 많으면 가격이 내려가는 거지. 1주당 가격은 수요와 공급이 만나는 지점에서 결정되는 거야.

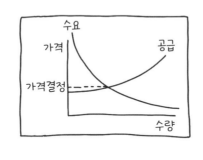

이제 막 코스닥시장에 데뷔한 파고파㈜의 인기는 대단했어. 공모가가 예상보다 높은 수준으로 결정되었다는 사실이 언론을 통해 대서특필되고 국내 최대 금광 개발이라는 호재 덕분에 수요가 몰렸지. 수요가 공급보다 많으면 가격이 오르는 것은 당연해. 하지만 국내 시장에는 하루 동안 오를 수 있는 가격의 상승폭이 정해져 있어. 하루의 장이 시작할 때 가격 대비 30%까지만 상승할 수 있어. 이때 주가를 '상한가'라고 불러. 반대로 가격이 내리는 폭에도 제한이 있지. 마찬가지로 하락폭을 30%로 정했는데, 이때 한도까지 떨어진 주가를 '하한가'라고 불러.

세상 모든 일이 그러하듯 주식시장에서 가격제한폭을 두는 제도에는 일장일단이 있어. 우리나라와 같이 자본시장의 안정성이 상대적으로 떨어지는 나라에서는 가격의 급변동으로 인한 충격을 완화하여 투자자를 보호한다는 의미가 있지. 자신이 보유한 주식의 가격이 오를 때야 30%까지만 오른다는 게 아쉽겠지만, 반대로 떨어질 때를 생각해 봐. 가격이 급락할 때 대비할 시간을 벌어 줄 수 있겠지.

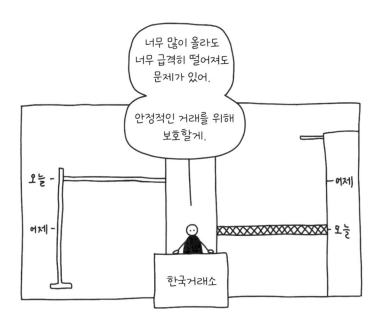

연일 상한가를 기록한 파고파㈜의 초기 주주들은 쾌재를 불렀지. 저마다 자산가치가 올라 마치 갑부가 된 것처럼 구름 위를 걷는 기분이었어. 하지만 회사의 입장에서는 이제 시작에 불과한 거야. 이 점을 잘 알고 있는 대표이사 장씨는 신중한 입장이었지. 코스닥시장에서 공모주가 상장된 시점의 시가총액은 2,500억 원이었어. 그 후로 3일 연속 상한가를 기록하면서 시가총액은 단숨에 5,500억 원이 되었지. 며칠 만에 두 배 이상 증가한 거야. 하지만 파고파㈜의 원래 목적인 새로운 광산 개발을 위한 투자금은 추가로 1,500억 원이 확보된 것에 불과해. 상장을 통해 회사로 들어온 현금은 딱 거기까지였지.

하지만 추가된 자본 1,500억 원도 당장 광산 개발에 몽땅 투자할 수는 없을 거야. 물론 파고파㈜는 자본 1,500억 원 증가만 보고 상장을 추진한 게 아니었어. 일반적으로 상장 회사가 되면 회사의 재무 상태나 전망에 대해 검증을 받았다고 보거든. 그래서 회사의 신용도가 올라서 자금을 빌릴 때 유리한 조건을 얻어 낼 수 있지. 대규모 설비 투자를 할 때 가장 먼저 생각할 수 있는 것이 회사채 발행이야. 회사가 특정한 시점에 약속한 이자를 더해서 돈을 갚아 주기로 하고 회사채라는 증서를 주고 돈을 빌리는 것이지. 이때 이자율이 낮으면 회사에 유리하겠지? 회사가 안정적이라고 인정 받게 되면 낮은 이자율에 회사채를 발행해도 회사를 믿고 기꺼이 빌려주겠다는 사람이 많아지지.

공모주 청약을 통해 새롭게 회사의 주인이 된 사람의 입장에서 보면 어떨까?

공모주 청약을 통해 주주가 된 사람은 가치가 상승하는 자산을 얻게 된 거야. 물론 파고파㈜의 상한가 행진이 연일 계속될 수는 없겠지. 상한가 행진이 끝난다고 하더라도 파고파㈜의 주가가 급락할 가능성은 낮아 보여. 기업의 실적이 탄탄하니까 주식시장에서 인정받는 기업으로 자리 잡을 거야. IPO에 성공했다는 건 회사의 미래 가치를 인정받는 일이기는 하지만, 그 기대 수준은 서로 다른 법이지. 새롭게 상장된 회사의 미래 기업가치에 대한 확신이 있으면 더 오래 보유하려고 할 테고, 그렇지 않으면 오른 가격만큼 시세차익을 보고 주식을 팔겠지.

이 정도 개념은 알아야 기업을 알 수 있다

그렇다면 주주 입장에서 주식을 사고팔 때 생기는 시세 차익 말고 기대할 수 있는 수익은 없을까? 주주는 배당금을 받을 수 있지. 박씨가 상장 이전에도 두 번이나 배당을 받았다고 했잖아. 회사가 경영 성과에 따라 이익의 일부를 주주에게 나눠주는 것을 배당이라고 불러.

배당·재무상태표·손익계산서

보통 정기주주총회에서 배당금을 결정하지. 이익을 주주에게 나눠 주기 위해 배당을 우선할 수도 있고, 이익을 회사의 미래를 위해 재투자하여 기업가치를 키울 수도 있지. 투자자 입장에서는 배당을 잘하는 기업에 투자할지, 기업가치가 빠르게 성장하여 시세 차익을 얻을 수 있는 기업에 투자할지 잘 판단해야 해.

배당과 관련하여 몇 가지 용어를 알아 둘 필요가 있어. 주당배당금이란 한 주당 받게 되는 배당금을 말하지. 이 주당배당금을 액면가로 나눈 것은 배당률이라 불러. 여기서 액면가가 아니라 현재 주가를 기준으로 보면 배당수익률, 배당기준일의 주가를 기준으로 보면 시가배당률이라고 하지. 또 배당성향이라는 용어도 많이 쓰는데, 이는 회사가 한 해동안 벌어들인 당기순이익 중에서 총배당금은 얼마나 되는지를 비율로 나타낸 것이야.

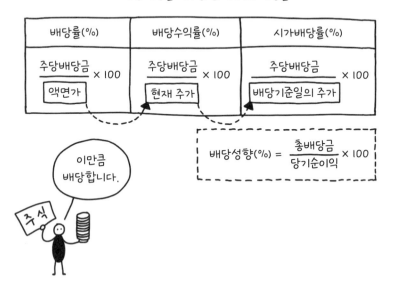

주당배당금 : 1주당 받게 되는 배당금

배당률(%)	배당수익률(%)	시가배당률(%)
$\dfrac{주당배당금}{액면가} \times 100$	$\dfrac{주당배당금}{현재\ 주가} \times 100$	$\dfrac{주당배당금}{배당기준일의\ 주가} \times 100$

$$배당성향(\%) = \frac{총배당금}{당기순이익} \times 100$$

이만큼 배당합니다.

투자자가 투자할 기업을 고를 때 어떤 기업을 골라야 할까? 쉽게 말하면 좋은 기업을 골라야지. 그런데, 남들이 다 좋다고 하는 기업의 주가는 이미 높은 수준이겠지? 그렇다면 적정한 주가 수준이란 건 또 뭘까? 쉽게 하는 말로 저평가된 주식을 사서 주가가 올라 충분히 이익이 났다고 생각하는 시점에 팔아야 하는데, 말처럼 쉬운 일은 아니지. 도대체 기준이 뭐야?

결국 어떤 기업의 적정한 가치가 무엇인지 판단하기 위해서는 기업의 상태와 살림을 기록하는 법에 대해 알아야 해. 주가만 보고 주식을 살지말지 결정할 수는 없잖아. 학생이 공부하는 것의 결과가 시험 성적으로 나오듯이, 기업은 실적으로 말해. 상장회사라면 투자자가 알아야 하는 기업 정보를 의무적으로 공시하게 되어 있어. 이걸 공시 자료라고 부르지. 처음부터 공시 자료를 모두 이해하려고 들면 질려 버릴 거야. 기업 실적을 이해하기 위해 꼭 필요한 것만 알기 쉽게 설명해 줄게.

우선 재무상태표를 이해해야 해. 기업의 재정 상태를 보기 위해 자산, 부채, 자본이라는 세 가지 요소를 어느 한 시점 (보통 연말)을 기준으로 정리한 표가 재무상태표야. 재무상태 표는 기업의 재정 상태를 한눈에 알아볼 수 있게 해 줘. 그럼 각각에 대해 하나씩 차례로 알아볼까?

자산이란 뭘까? 현재 기업이 갖고 있는 모든 재산이야. 이 모든 재산이 숫자로 표현된 것이지. 기업이 갖고 있는 현금은 당연히 숫자로 표시되겠지? 토지나 건물도 가격이 있으니까 숫자로 바꾸기 어렵지 않을 거야. 특허권이나 영업권 같은 눈에 보이지 않는 권리들은 어떨까? 그것 역시 숫자로 바꾸어 정리할 수 있어. 재무상태표에 자산을 정리한다는 것은 기업의 재산 상태를 정리하는 것을 뜻해.

부채와 자본은 쉬운 말로 '남의 돈'과 '내 돈'이라고 표현할 수 있어. 기업을 운영하기 위해 남으로부터 빌려 온 돈이 부채, 기업의 주인이 낸 돈이 자본이지. 기업은 은행으로부터 대출받거나, '채권'이라는 증서에 돈 갚을 약속을 적어 다른 기업이나 개인으로부터 자금을 직접 빌리기도 하지. 어떤 형태이든 기업 외부로부터 갚을 약속을 하고 빌려 온 돈이 부채야.

기업의 주인은 주주니까 주주로부터 나온 돈이 자본이야. 앞서 살펴봤듯이 기업을 처음 만들 때 자본금을 출자하거나 이후 유상증자를 통해 자본을 늘리지. 재무상태표에서 부채와 자본을 정리한다는 것은 마련한 자금의 상태를 정리한다는 의미야.

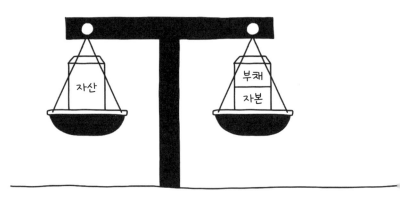

다시 정리해 볼게. 재무상태표에서 정리한다는 의미는 어느 한 시점에 ① 끌어들여 온 돈(부채와 자본)의 현재 상태를 기록하고 ② 어떤 재산(자산)을 갖고 있는지 정리하는 것이야.

그런데 이렇게 생각해 봐. 재산이란 빌린 돈과 자신의 돈의
합으로 표현될 수 있잖아. 어느 시점에 보아도 회사의 재무
상태는 자산=부채+자본 이라는 등식으로 정리될 수 있어.
이 식을 회계 등식이라고 불러. 이 등식이 항상 성립한다는
것이 재무상태표의 가장 기본적인 원리야.

여기 100억대 자산가와 50억대 자산가 두 사람이 있어. 자기 재산으로 각각 100억과 50억을 가진 사람이야. 100억대 자산가의 재산은 이제 막 구입한 건물 100억 원이 전부야. 그 건물을 살 때 자기 돈은 10억 원을 썼고, 90억 원은 은행과 지인으로부터 빌린 돈이야. 현재 시점의 재무상태를 보면 자산 100억 원, 부채 90억 원, 자본 10억 원으로 정리할수 있겠지.

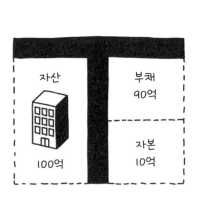

이제 50억대 자산가를 볼게. 50억 원의 자산가의 재산은 자기가 사는 10억 원짜리 집과 40억 원의 현금으로 이루어져 있어. 주택을 구입할 때 5억 원을 은행으로부터 빌렸고, 자신이 45억 원의 현금을 갖고 있었어. 현재 시점에 5억 원의 빚은 아직 상환하지 않고 그대로 남아 있어. 현재 재무상태는 자산 50억 원, 부채 5억 원, 자본 45억 원으로 구분되지.

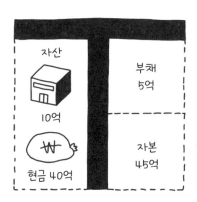

두 사람 중 어떤 사람이 더 실속이 있다고 얘기할 수 있을까?

100억대 자산가를 보면 자산의 전부가 건물이야. 건물은 필요할 때 현금으로 전환하기 어렵지. 반면 50억대 자산가는 자산의 상당 부분(40억 원)이 현금이야. 언제든 필요할 때 쉽게 사용할 수 있지.

누가 더 안정적인지 볼까? 100억대 자산가는 90억 원의 부채를 가지고 있어. 자산의 90%가 부채이지. 만약 건물에서 임대료가 제때 안 들어오거나 오랫동안 세입자가 없다면 부채에 대한 이자를 감당하기 어려울 거야. 상대적으로 50억대 자산가는 임대수익이 없어도 부채를 갚는 부담에선 자유롭지.

그래서 전체 자산에서 부채를 뺀 것을 순자산이라고 부르기도 해. 그리고 이건 자본과 일치하지. 두 사람의 순자산만 비교해 본다면 10억 대 45억으로 50억대 자산가가 훨씬 실속이 있다고 말할 수 있겠지.

회사의 재무 상태도 자산, 부채, 자본을 나누어 봐야 상황 진단을 제대로 할 수 있지. 이제는 말이 아니라 그림으로 살펴볼게. T자 모양의 그림을 떠올려 봐. 가운데 선의 왼쪽에 자산과 관련된 항목이 정리되고, 오른쪽에는 부채와 자본 관련 항목이 정리돼. 아까 회계 등식에 대해 설명한 것을 잊지 않았겠지? **자산=부채+자본**. 자산을 정리한 왼쪽 영역과 부채와 자본을 정리한 오른쪽 영역의 합계가 항상 일치하도록 정리한 것이 재무상태표야. 한자로는 왼쪽을 차변^{借邊}, 오른쪽을 대변^{貸邊}이라고 불러. 그런데 재무상태표는 어느 특정 시점을 기준으로 정리하는 거야. 기업의 재무 상태를 알아보는 기준일이 뭐겠어? 주로 결산하는 날이 기준이 되겠지. 1년의 마지막 날이나 반기 혹은 분기의 말일을 기준으로 재무 상태의 스냅 사진을 찍는다고 생각하면 돼.

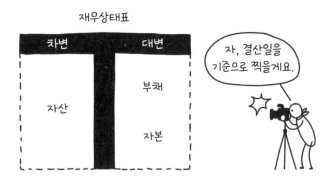

재무상태표

우리는 재무상태표를 제대로 읽을 줄만 알면 돼. 이젠 그 방법을 알려줄게. 회사를 운영하려면 돈을 어디선가 가져와야 하잖아. 자금의 흐름이 오른쪽에서 왼쪽으로 간다고 생각해 봐. 오른쪽 영역(대변)은 누가 회사에게 돈을 전달한 기록이야. 회사를 운영하기 위해 남의 돈을 빌려 왔다면 부채, 회사의 주인인 주주로부터 돈을 모았다면 자본으로 기록해. 회사 외부로부터 돈이 들어왔다는 것은 언젠가는 되돌려줘야 하는 몫이라고 봐도 무방하겠지. 여기서 채권자의 몫은 부채, 주주의 몫은 자본이 되는 거야.

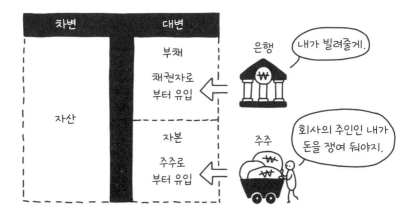

왼쪽 영역(차변)은 회사 입장에서 외부로부터 들어온 돈이 어떻게 회사 재산으로 변했는지에 관한 기록이야. 차변에 기록되는 자산은 쉽게 말해 특정 시점의 회사 재산이라고 이해하면 돼. 최초 1억 원의 현금이 유입됐을 때 딱 그날을 기준으로 마침 결산이 이뤄진다면, 자산에는 1억 원 현금 자산으로 기록되겠지. 그런데 현금 1억 원이 상품 생산을 위한 원재료 구입에 쓰였다면 원재료 재고 자산으로 기록하는 거지. 같은 1억 원이 결산하는 시점에 어떤 모습이냐에 따라 현금 자산으로 기록될 수도 있고, 재고 자산으로 기록될 수도 있는 거야.

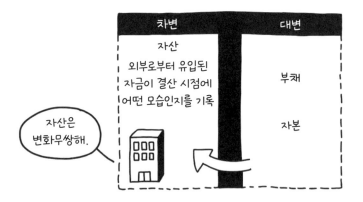

정리해서 말하면, 재무상태표는 결산 시점을 기준으로 오른쪽 영역에 들어온 돈의 흐름을 정리하고, 왼쪽 영역에 자산의 형태를 구분해서 기록하는 거야. 기업을 운영하는 자금은 오른쪽(부채+자본)에서 왼쪽(자산)으로 흐르고 그 기록은 양쪽의 합이 정확히 딱 맞아야 하는 거지.

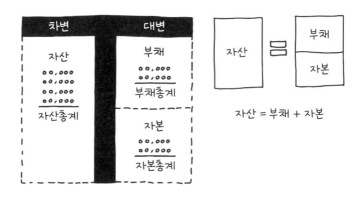

자산 = 부채 + 자본

여기서 자산을 쌓아만 두고 기업이 가만히 있는다고 해서 돈이 저절로 불어나진 않잖아. 새로운 경제활동을 위해 투입이 되어야겠지. 자산으로 기록된 항목으로부터 기업의 영업 활동을 위해 쓴 비용이 나오지. 이렇게 쓴 비용은 결국 기업이 사업을 하면서 벌어들인 돈인 수익으로 바뀌게 돼. 그리고 수익과 비용이 있으면 손익을 계산할 수 있지.

손익이란 번 돈에서 쓴 돈을 뺀 거야. 쓴 돈이 번 돈보다 많으면 손실, 번 돈이 쓴 돈보다 많으면 이익이지. 식으로 정리하면 이렇게 되지. 손익=수익-비용. 손익이 누적되면 재무상태표에서 자본 항목 중 이익잉여금이라는 이름으로 쌓이게 돼.

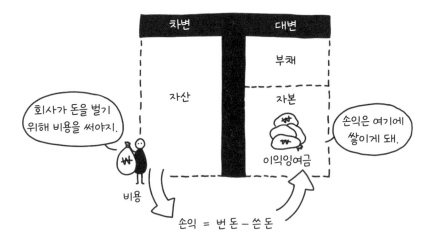

1년 동안 사업을 한 이후에 쓴 돈과 번 돈을 구분하여 기록해서 손익을 정리한 문서가 손익계산서야. 재무상태표는 어느 시점을 기준으로 하여 그 기업의 재무 상태를 나타낸다고 했지? 손익계산서는 일정 기간(보통 1년이나 분기, 반기)의 기업 실적을 표로 나타낸 거야. 간단히 말해 1년치 살림살이를 기록한 표라고 보면 돼. 회사의 목적은 결국 이익을 내는 것이야. 손익계산서에는 그 이익이 어떻게 발생했는지 번 돈에서 출발하여 쓴 돈을 항목별로 정리해서 빼 준 기록이 정리되어 있어. 기업이 1년 동안 번 돈인 매출액부터 시작해서 차례대로 비용 항목을 차감하면 맨 아래 당기순이익이 남는 거지.

손익계산서의 항목을 순서대로 하나씩 짚어 볼게. 손익계산서의 출발점인 매출액이란 말 그대로 물건을 팔아서 얻은 수익 전체를 뜻해. 매출원가는 물건을 생산하는 데 사용된 원재료 비용이고. 매출총이익이란 매출액에서 매출원가를 뺀 거야. 물건을 생산하는 데는 원재료만 들지 않겠지? 임금, 경비, 유통에 드는 비용 등이 판매비와 관리비에 해당하고, 매출총이익에서 이를 차감한 것이 영업이익이야. 영업이익에서 영업외수익을 더하고 영업외비용을 뺀 것을 법인세차감전순이익이라 불러. 법인세차감전순이익에서 법인세를 덜어낸 것이 당기순이익이고.

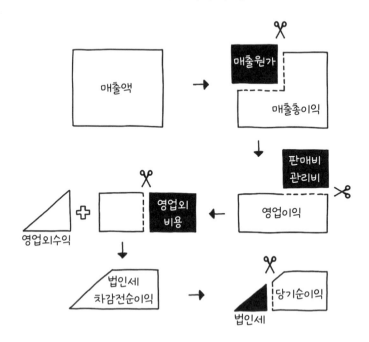

한 번에 이해가 되지 않는다고 너무 좌절하지 마. 첫술에 배부를 수는 없으니까. 재무상태표와 손익계산서의 기본 골격만 이해하고 필요할 때마다 각 항목에 무엇이 들어가는지 찾아보면 돼. 처음에는 용어가 익숙하지 않겠지만 몇 번 반복해서 용어를 접하면 익숙해질 거야. 용어를 이해하겠다는 마음을 갖기보다 용어에 익숙해지는 게 먼저야. 천천히 읽어 보면서, 다음과 같은 이미지를 머릿속에 담아 두면 충분해.

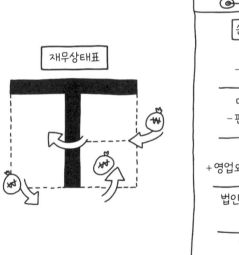

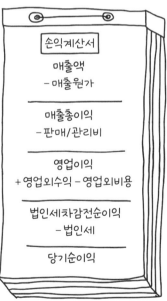

주식 관련 지표

ROE : 똑같이 씨를 뿌려도 거둬들이는 게 다른 법

당기순이익

자기자본

그럼 이런 개념들을 활용해서 회사의 가치를 평가하려면 어떻게 해야 할까? 먼저 회사의 가치를 가늠하기 위해 자기자본을 활용해서 얼마나 이익을 내는지 알아보는 방법이 있어. 이때 활용하는 지표는 ROE(자기자본이익률)야. 앞서 살펴본 회계 등식에서 부채는 타인자본이라고 부르고, 자본은 자기자본이라 부르기도 해. 회사의 주인인 주주가 자기 회사에 투자한 돈이니 자기자본이라 부르는 것이지.

자기자본   당기순이익

ROE는 부채인 타인자본은 제외하고, 회사가 자기자본을
투입하여 얼마나 이익을 내는지 나타내는 지표야. "뿌린 대
로 거둔다."는 속담이 있지. 농부가 봄에 똑같이 씨앗(자기
자본)을 뿌려도 가을에 얻는 수확(당기순이익)은 제각각이야.
그걸 비교하기 위한 지표가 ROE지.

1년간의 수확물인 당기순이익을 처음 뿌린 씨앗인 자기자본으로 나누어 백분율로 표시하면 ROE를 구할 수 있지. 예를 들어, 김씨운수㈜의 자기자본이 3억 원이고 1년간의 당기순이익이 9천만 원이라고 해 볼게. ROE=당기순이익÷자기자본×100. 이렇게 ROE를 구하면, 9천만 원÷3억 원×100=30%가 되는 거야. ROE가 높다는 것은 투자 대비 순이익이 높게 나오는 기업이라는 의미야. ROE 하나만 가지고 비교한다면, ROE가 높을수록 더 강한 기업이라 할 수 있겠지.

기업이 가진 총자산 대비 얼마나 이익을 내는지 알아보려면 ROA(총자산이익률)를 봐야 해. 자기자본에다 타인자본(부채)까지 더하면 총자산이 나오지. 다시 한번 회계 등식을 떠올려 봐. **자산=부채+자본.** 총자산이란 회사가 가진 모든 재산인데, 회사가 가진 토지, 건물, 공장, 설비, 현금, 영업권 등을 합한 것이지. ROA는 총자산을 얼마나 효율적으로 사용해서 이익을 냈는지 나타내는 지표야. ROA를 구하는 식은 다음과 같아. ROA=당기순이익÷총자산×100.

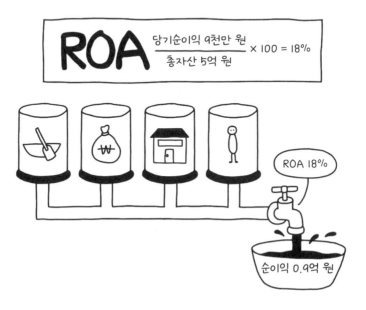

ROA는 어떻게 활용해야 할까? 기본적으로 ROA가 높으면 효율적으로 자산을 활용하여 많은 이익을 내는 기업이라고 할 수 있어. 하지만 업종의 특성을 함께 고려해야 해. 예를 들어, 금융업은 이익이 많이 난다고 해도 사업을 위해 갖춰야 할 자산 규모가 워낙 크기 때문에 상대적으로 ROA가 낮은 편이야. 렌탈업의 경우도 빌려주는 차나 장비 등을 자산으로 대량 보유해야 해서 ROA가 높은 편은 아니야. 이와 반대로 IT 업종의 경우 지적재산권과 같은 무형의 자산이 많고 상대적으로 적은 자산으로도 많은 이익을 낼 수 있어서 ROA가 높은 편이야. 그래서 같은 업종끼리 ROA를 비교하거나 한 회사의 ROA를 연도별로 비교하는 것이 좋아.

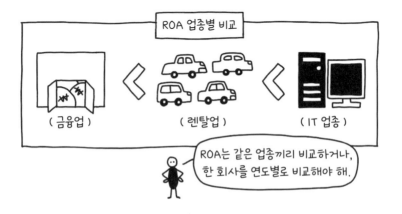

ROA 업종별 비교

(금융업)   (렌탈업)   (IT 업종)

ROA는 같은 업종끼리 비교하거나, 한 회사를 연도별로 비교해야 해.

ROE나 ROA는 주가와 관계 없이 회사의 이익률을 나타내는 지표야. 그러니 주가가 얼마나 회사의 가치를 잘 반영하고 있느냐를 나타내는 지표에 대해서도 알아봐야겠지. 바로 '멀티플'이라는 단어와 관련된 이야기야. 우리말로는 '배수'를 뜻하는 이 말은 기업 가치를 논할 때 많이 쓰여. 얼마 전 인기 걸그룹을 키운 스타 기획자와 그 모회사의 계약 관계가 세간을 떠들썩하게 한 일이 있었지. 당시 주주 간 계약서의 내용에 대해 논쟁이 있었는데, 멀티플이란 용어가 나왔어. 기획자가 보유한 주식을 모회사에게 사가라고 요구할 때 가격이 얼마여야 하는지에 관한 내용이었어. 최초 계약은 영업이익의 13배를 기준으로 가격을 정하기로 했다고 알려졌는데, 스타 기획자가 그 이상을 요구하며 다툼이 있었지. 이처럼 기업의 적정 가치를 구할 때 특정 기준(이익, 순자산, 매출 등)의 배수로 정하는 경우에 '멀티플'이라는 단어가 쓰여.

주식시장에서 멀티플 개념이 가장 많이 쓰이는 경우는 PER(주가수익비율)이야. PER은 현재 1주의 가격이 EPS(주당순이익)의 몇 배가 되는지 나타내는 지표지. EPS는 1주에 해당하는 순이익이 얼마나 되는지 계산한 거야. 당기순이익을 발행주식수로 나누면 되지. 파고파㈜의 전년도 당기순이익은 300억 원이고, 발행주식수는 5백만 주이니까 EPS는 6,000원이 되네. PER은 주가가 EPS의 몇 배인지 나타내는 것이니까 PER=주가÷EPS로 구해야겠지. 현재 파고파㈜의 주가는 11만 원이니, PER은 약 18.3배가 될 거야.

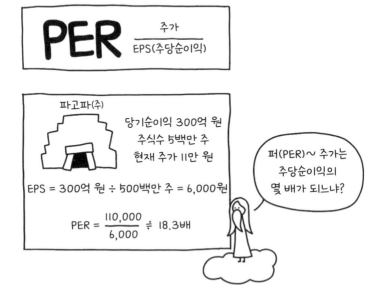

앞에서 본 PER을 구하는 식을 조금 더 자세히 들여다볼게.
주가는 시가총액을 주식수로 나눈 것이고 EPS는 당기순이
익을 주식수로 나눈 것이잖아. 분모와 분자에서 똑같이 주
식수로 나누어 줬으니 주식수를 나눈 것을 생략해도 될 거
야. 그래서 PER=시가총액÷당기순이익 이라고 할 수도 있
어. 이렇게 하면 EPS를 따로 계산하지 않아도 손쉽게 PER
을 구할 수 있지.

계산하기는 그렇게 어렵지 않은데, PER이라는 지표가 갖는 의미가 도대체 뭘까? 현재 주가는 내가 투자하는 금액을 뜻해. 우리가 투자할 때 원금을 언제까지 회수할 수 있을지 따지잖아. PER은 순이익이 계속 같은 조건으로 누적된다면 몇 년 만에 원금을 회수할 수 있을지를 나타내지. PER이 10이라면 투자자가 이 주식을 현재 가격에 사면, 앞으로 현재와 같은 수준으로 순이익이 유지될 경우 10년이면 투자 원금을 회수할 수 있을 거란 얘기야.

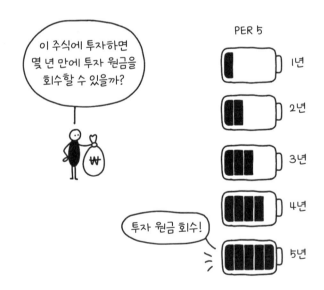

PER이 원금 회수 기간이라고 하면 PER이 낮은 주식을 사면 더 빨리 원금을 회수할 수 있다는 뜻이잖아. 그래서 일반적으로 다른 조건이 같으면 PER이 낮은 종목을 사라는 말을 하지. 현재 PER이 낮은 주식은 저평가된 상태이므로 미래에 주가 상승을 기대할 수 있다는 거야. 반대로 PER이 높은 주식은 이미 고평가된 주식이므로 앞으로 더 오르지 않을 것이라 볼 수 있는 것이지.

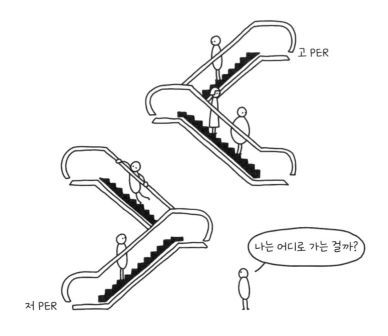

그렇다고 저평가된 주식을 지금 사놓으면 무조건 주가 상승을 기대할 수 있다는 말은 아니야. 현재 시장에서 낮은 평가를 받는 이유가 실제로 기업의 실적이 좋지 못해서일 수도 있잖아. 반대로 현재 PER이 높다고 해서 더 이상 상승 여력이 없다고 단언할 수도 없지. 현재는 이익이 낮은 수준이지만 미래에 크게 이익이 상승할 것으로 기대되는 종목은 주가가 계속 오르기도 해.

일반적으로 주식시장이 상승장일 때는 EPS(분모)가 늘어나는 속도보다 주가가 오르는 속도(분자)가 더 빠르기 때문에 PER은 커져. 또 짧은 기간에 급성장하는 회사의 PER은 높고, 오랜 기간 안정적으로 성장하는 회사의 PER은 낮은 경우가 많아. 그러니까 일률적으로 낮은 PER이나 높은 PER의 주식이 좋거나 나쁘다고 말할 수 있는 것이 아니라, 시장 상황과 동종 기업의 수준과 함께 비교하는 지표로 활용하는 것이 맞아.

PER 계산을 다른 방향으로 생각해 보면 적정 주가가 얼마인지 판단할 수 있는 기준을 잡을 수 있어. 일반적으로 주가는 미래를 반영한 것이라는 점을 고려할 때 향후 예상되는 순이익을 기준으로 예상 EPS를 구할 수 있어. 적정주가는 예상 EPS에 시장 평균 PER을 곱해서 구하지. 이때 시장 평균 PER 값은 업종별 평균 PER 값을 적용해. 파고파㈜는 앞으로 더욱 성장이 기대되는 기업이라 내년 예상되는 EPS가 10,000원이고 광산업의 시장 평균 PER이 12배라면, 파고파㈜의 적정주가는 120,000원이라고 할 수 있겠네. 현재 파고파㈜의 주가가 110,000원이니 아직 상승 여력이 남아 있다고 판단할 수 있을 거야.

지금까지는 회사의 이익과 관련된 지표를 봤는데, 회사의 순자산가치에 대비하여 주가가 적정 수준인지 알아보는 지표가 있지. 바로 PBR(주가순자산비율)이야. 영어로 풀면 Price Book value Ratio라고 하는데, 주가(Price)와 순자산(Book value)의 비율을 뜻해. 여기서 순자산이란 부채를 제외한 자산을 말하지. 자산은 자본과 부채의 합인데, 자산에서 부채를 빼는 것이니 결국 자본만 남게 되지. 순자산이란 결국 자본총계와 같아. 정리하면, 순자산은 ①자산에서 부채를 차감하여 구하거나 ②납입자본금에 이익잉여금을 더해서 알 수 있어.

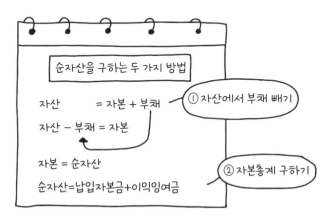

PBR을 구하는 식은 PBR=주가÷주당순자산 이야. 여기서 주가는 시가총액을 주식수로 나눈 것이고, 주당순자산은 순자산을 주식수로 나눈 것이기 때문에 PBR=시가총액÷순자산 이라고 할 수도 있어.

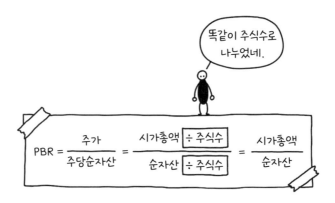

이제 PBR의 의미를 생각해 볼까? 일반적으로 PBR을 볼 때 1을 기준으로 높은지 낮은지를 보라는 말을 많이 해. 순자산이란 현재 시점에서 기업이 영업을 중단하고 청산한다고 할 때 장부상의 가치(Book value)를 말하는 것이거든. 그래서 주당순자산 대비 현재 주가인 PBR이 1이면 기업의 장부 가격과 동일하게 주가가 형성된 것이라고 보고, 그보다 크면 현재 주가가 고평가, 작으면 저평가 주식이라는 거야.

하지만 무조건 'PBR=1'을 기준으로 보고 생각할 수만은 없어. 다시 PBR의 의미로 되돌아 가 볼게. 분모에 주당순자산이 있잖아. 순자산이 작은 규모이면서 큰 이익을 내는 업종, 대표적으로 IT기업 같은 경우에는 PBR이 10 이상이 될 수도 있고, 사업을 영위하기 위해 많은 땅과 건물을 보유하고 있는 경우 순자산의 규모가 커서 0점대 PBR을 가진 회사도 있지. 단순히 PBR만 보고 주가가 싸다 비싸다를 얘기할 수가 없는 거야. PBR 역시 동종 업계의 기업과 비교할 때 유용한 지표야.

고 PBR 업종   저 PBR 업종

기업이 현금을 벌어들이는 능력 자체만 보기 위해 세전 기준 영업현금흐름만 고려하는 지표가 있어. 바로 EBITDA Earnings Before Interest, Tax, Depreciation and Amortization라고 불러. 말이 많이 어렵지? EBIT Earnings Before Interest and Taxes에다가 감가상각비 등 비현금성 비용을 더한 것이야. EBIT는 완전히 일치하지는 않지만, 영업이익과 비슷하다고 보면 돼. 영업이익을 구할 때 매출총이익에서 판매비와 관리비를 빼잖아. 이 판매비와 관리비 항목에 감가상각비가 포함되어 있어서 영업이익을 구할 때는 차감돼. 감가상각비라는 게 쉽게 말해서 설비 자산의 마모 등으로 예상되는 자산가치 하락을 반영하는 항목이거든. 실제로 현금이 빠지는 게 아닌데도 차감했던 항목을 EBITDA를 구할 때는 다시 더해주면서 현금 흐름만 알아볼 수 있게 하는 거야.

EBITDA를 기업의 평가 지표로 활용하는 목적은 기업의 영업 활동에 중점을 두어 분석하기 위함이야. EBITDA를 어떻게 구하는지 자세히 파고들면 머리만 복잡해지니까 그런 숫자가 주어진다고 할 때 실제 어떻게 활용하는지만 볼게. 대표적으로 기업의 가치 대비 수익성을 판단하는 지표로 EV/EBITDA(이브이에비따)를 제일 많이 써. EV(기업가치)는 시가총액에 그 기업의 순차입금을 더해서 계산돼. 어떤 기업을 100% 지배한다는 뜻은 그 회사의 주식을 모두 사고(시가총액), 회사가 진 모든 빚을 갚아야(순차입금) 한다는 것을 뜻하지.

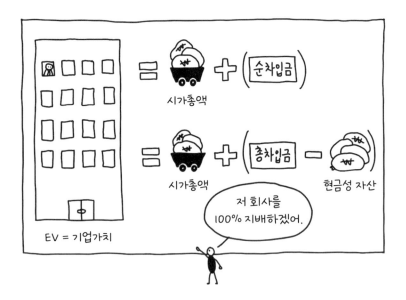

EV/EBITDA는 EV를 EBITDA로 나누어서 구하고, PER과 유사한 성격을 가진 멀티플이야. EV를 EBITDA로 나누어서 5가 나온다면, 그 기업의 EBITDA를 5년간 합치면 투자원금을 회수할 수 있다는 뜻이야. 이는 다시 말해 회사가 1년 동안 벌어들인 영업현금 흐름의 5배에 해당하는 가치를 가진 회사라는 뜻이기도 하지.

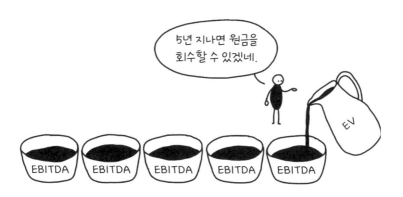

지금까지 기업 가치를 평가하고, 투자를 결정하기 위한 지표를 여럿 알아봤어. 이 지표들은 어느 하나만 쓰일 수 없어. 각각의 지표에 관해 그 의미를 알고 여러 개의 지표를 동시에 비교하는 자세가 필요해. 지금까지 살펴본 여러 지표는 한눈에 보는 실루엣 정도로 생각하는 것이 좋아. 지나가는 사람이 뚱뚱한 사람인지 마른 사람인지 알아보는 정도인 거야. 하지만 그 사람을 제대로 이해하려고 한다면 더 깊은 곳까지 알아봐야겠지. 김씨는 지금까지 설명한 내용을 여러 책을 보고 며칠을 끙끙대며 이해했어. 이제 공부는 어느 정도 했고, 실전으로 나아가야지. 아버지와 같이 평생 나룻배만 바라보며 살 수는 없잖아?

PER보다 EV/EBITDA가 유용한 경우

① M&A를 통해 회사를 인수할 때는 그 회사의 부채가 중요해진다. 막상 회사를 샀는데 열어 보니 온통 빚더미더라, 하는 경우는 피해야 하기 때문이다. PER은 부채의 이자비용이 반영되는 반면, EV/EBITDA는 이자비용은 상관없이 부채액 자체를 반영한다.

② 대규모 장치 산업의 경우. PER은 감가상각을 비용으로 계산하는데, 실제로 돈이 드는 것은 아니다. 그러나 EV/EBITDA의 경우 실제 지불되지 않은 금액은 계산하지 않는다.

③ PER은 나라별 조세 정책이나 회계 기준에 따라 차이가 나기 때문에 국가 간 비교는 어렵다. 반면 EV/EBITDA는 계산이 더 단순한 편으로 비교가 쉽다.

④ 성장 단계의 기업은 순이익이 불안정하거나 마이너스일 때도 있는데 이 경우 PER은 지표로서의 의미가 없어진다. 하지만 이런 경우에도 EV/EBITDA를 이용해 기업의 가치를 판단할 수 있다.

투자의 매운맛을 보는 김씨
vs. 기업가로 성장하는 장씨

천 리 길도 한 걸음부터라고 했잖아. 김씨는 우선 인터넷으로 증권 계좌부터 만들었지. 안내에 따라 프로그램을 설치하고 김씨가 제일 처음 검색해 본 종목이 무엇이겠어? 당연히 파고파㈜였어.

상장한다고 다 성공하는 건 아니야

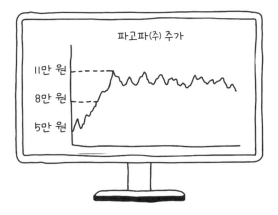

상장한 지 벌써 3주가 지난 시점에 파고파㈜의 주가는 안정적인 흐름을 이어갔어. 초기의 상한가 행진을 마감하고 조정기를 거친 이후에 형성된 가격대가 주당 8만 원대에서 오르내리는 수준이야.

주가 차트를 자세히 보면 일봉, 주봉, 월봉 등 옵션이 있는데, 각각 하루, 1주, 한 달의 변화를 나타내는 거야. 일봉을 기준으로 차트 보는 법을 설명해 볼게. 차트에서 장이 열릴 때의 가격을 시작한다는 의미에서 시가(시초가)라고 하고, 마감하는 가격을 마지막이라는 의미로 종가라고 해. 그리고 봉의 가운데에 세로로 연결된 실선이 그날의 가장 높은 가격(장중 최고가)과 가장 낮은 가격(장중 최저가)을 표시해 주지. 시가보다 종가가 높은 날은 빨간색 양봉으로 표시되고, 시가보다 가격이 내린 날은 파란색 음봉으로 표시돼. 봉의 길이를 보면 하루의 가격 변동폭을 알 수 있지.

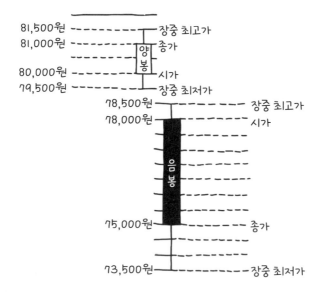

김씨가 파고파㈜의 주식을 바로 사지는 않았어. 공모가에 들어갈 수 있었다면 좋았겠지만, 지금 매수하는 것은 너무 위험한 선택인 것 같았지. 아직 새로운 금광 개발이 본격화 되지도 않았으니까 섣불리 매수하기엔 이른 감이 있다고 본 거야. 김씨는 파고파㈜ 말고 더 좋은 주식이 있을까 한번 둘러보고 싶었어. 공부도 이미 할 만큼 했겠다, 김씨운수㈜로 벌어 놓은 종잣돈이 있으니 두려울 게 없었지.

김씨의 눈길을 처음 끌었던 주식은 칩도라㈜라는 반도체 설계 업체였어. 물론 김씨는 반도체에 대해 전혀 모르지. 그가 이 회사 주식에 관심을 가졌던 이유는 '21세기 산업의 쌀'이라고 불리는 반도체와 관련된 회사가 금광 개발 회사보다 낫다는 막연한 기대를 했기 때문이었어. 게다가 칩도라㈜는 IPO를 앞두고 언론에 많이 노출되고 있었지. 김씨는 행복한 상상에 빠졌어. 당장 큰 성과를 내고 싶었던 김씨는 칩도라㈜에서도 파고파㈜의 3연속 상한가 같은 일이 일어날 거라 꿈꿨던 거야.

김씨가 자세히 알아보니 공모주의 경우 기관투자자에게 먼저 주식을 살 수 있는 기회가 가고, 일반투자자가 청약할 수 있는 물량은 따로 배정되는 식이었어. 김씨는 언론기사와 주관사의 리포트를 믿고 공모주 청약을 했지. 기관투자자의 수요예측을 통해 공모가는 15,000원으로 결정이 되었고 김씨는 청약증거금으로 최소 물량인 10주에 해당하는 150,000원에 청약증거금율 50%를 곱한 75,000원을 입금하고 배정을 기다렸어. 공모주 청약을 통해 기껏해야 5주 정도를 배정 받겠지만, 몇 주 안 되는 주식이라도 앞날이 밝은 기업의 주인이 된다는 사실에 김씨의 마음은 설렜어.

최종적으로 김씨는 4주를 배정 받았어. 드디어 대망의 상장일. 2023년 6월부터 상장일 당일에 한하여 주가는 공모가 대비 60~400% 수준에서 결정될 수 있게 되었지.

장이 열리고 주가는 30,000원으로 출발했어. 시작부터 100%의 수익을 올린 셈이지. 장이 시작되자마자 무섭게 치고 올라간 주가는 상장일 당일 40,000원으로 마감했어. 바뀐 제도를 적용하면 공모가 15,000원 대비 400%인 최대 6만 원까지 올라갈 수는 있었지만, 그래도 아주 좋은 성적이지.

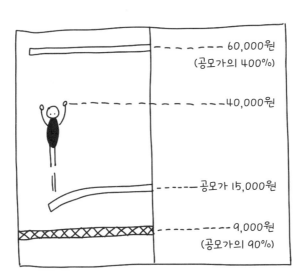

공모주 배정

① 공모주 물량 배정

공모를 진행할 때, 일반 개인투자자에 대한 공모청약에
앞서 기관투자자들을 대상으로 먼저 청약 절차가 진행
된다. 보통 우리사주조합에 20%를 배정하고, 일반청약
자에게 20% 이상을 배정하기 때문에 50% 이상의 가
장 많은 물량이 기관투자자에게 배정된다.

주관사는 희망공모가의 밴드(범위)를 정하여 기관투자
자를 대상으로 수요예측을 진행하고, 이에 기관투자자
는 희망 수량과 희망 가격을 주관사에 제시하며 물량
을 확보하겠다고 의사표시를 한다. 수요예측 경쟁률을
통해 일반투자자는 공모주의 매력도를 확인할 수 있다.

50% 이상의 공모 물량을 배정받는 기관투자자가 상장

직후 기관투자자들이 배정받은 물량을 한꺼번에 매도한다면 주가 폭락을 피하기가 어렵게 된다. 그래서 기관투자자들은 상장 이후 일정 기간은 매도하지 않겠다는 약속을 하며, 이를 의무보유확약이라고 부른다. 의무보유기간은 15일, 1개월, 3개월, 6개월 등 네 가지로 나뉜다. 그리고 이 기간을 길게 약속한 기관투자자에게 더 많은 물량이 배정된다. 의무보유기간을 확인하는 것 역시 일반투자자가 공모주의 수익성을 미리 점칠 수 있는 방법이다.

② 일반 공모주 배정 방식

일반투자자를 대상으로 한 공모주 배정은 균등배정방식과 비례배정방식을 혼합하여 이루어진다. 전체 일반 공모주 배정 물량 중 최소 50% 이상은 균등배정방식으로 배정이 되어야 하며, 보통 두 방식을 1 대 1의 비율로 배정하는 경우가 많다. 균등배정방식에서는 최소 청약증거금만 있으면 청약자들에게 같은 수량의 공모주를 배정한다. 비례배정방식은 더 많은 공모주 수량을 신청한 사람(즉, 더 많은 청약증거금을 입금한 사람)에게 더 많은 공모주가 배정되는 방식이다.

③ 상장일의 주가

과거에는 상장일 당일에 한해 장이 열리기 전 30분 동안 공모가의 90~200% 범위에서 호가를 접수해 결정되는 시초가를 개장 직후 기준가격으로 정했다. 그리고 기준가격의 ±30% 범위에서 상/하한가를 적용했다. 2023년 6월 26일 이후 바뀐 제도 아래서는 기준가격을 정하는 단계가 생략되고, 공모가를 기준가격으로 사용한다. 또한 당일 가격제한폭을 공모가의 60~400%로 확대했다.

칩도라㈜의 성공적인 데뷔 이후 언론에서는 연일 칩도라㈜를 칭송했지. 주주들은 열광했고, 김씨도 어느새 1,000주나 보유하게 됐어. 매수한 평균 단가는 50,000원 수준이었으니 대략 5천만 원을 쓴 거지. 김씨운수㈜가 몇 년간 실적이 좋았기 때문에 이 정도 투자를 하더라도 큰 무리는 없겠다고 판단한 거야. 김씨 머릿속에는 칩도라㈜의 주가가 계속 상승하여 자신이 보유한 칩도라㈜ 주식의 평가금액이 2억 원, 3억 원으로 오를 것이라는 기대뿐이었지. 부자가 되는 꿈에 한 발 더 다가가는 기분이었어.

김씨의 꿈이 와장창 깨진 것은 딱 한 달 뒤였어. 칩도라㈜의 분기 실적 발표가 있었는데, 매출이 3천만 원 수준이었던 거야. 기업의 실적이 예상치에 크게 못 미치는 걸 영어로 어닝 쇼크라고 해. 쇼크도 이런 쇼크가 없었지. 전년도 매출이 200억 원 수준이었고, 회사는 올해 1,200억 원 매출도 바라보고 있다고 공시했었거든. 그런데 분기 실적이 3천만 원이라니 이런 날벼락 같은 소식이 어디 있겠어? 주가는 연일 하한가를 기록했어. 분노한 김씨는 당장 회사로 달려가 항의했지. 회사에 가서 화를 낸다고 당장 뾰족한 수가 생기지는 않겠지만, 김씨가 받은 충격은 그만큼 컸어.

김씨가 보유한 칩도라㈜ 주식의 평가금액이 1천만 원 아래로 떨어졌어. 김씨의 고민은 거듭됐지만, 고민만 하다 손절할 타이밍도 놓쳐 버렸어. 그러고는 거의 무속 신앙을 믿는 수준으로 주가 반등을 기다렸지. 하지만 한번 냉랭해진 시장의 평가는 되돌릴 수 없었어. 애초에 거의 사기 수준의 IPO였지. 불과 한 달 전까지만 해도 칩도라㈜의 장밋빛 미래를 떠들어대던 언론도 180도 입장을 바꿔서 칩도라㈜가 투자자를 속이려는 의도를 가지고 허황된 실적 예상치를 공시했다고 공격했어. 김씨는 망연자실했지만 어쩌겠어. 모든 투자는 원금 손실의 위험을 갖고 있고, 그 책임은 오로지 투자자에게 있는데 말이야.

엎친 데 덮친 격이라고 해야 하나. 울고 있는 김씨를 더욱 우울하게 하는 소식이 전해졌어. 파고파㈜의 금광 개발이 예상보다 일찍 성과를 내고 있다는 뉴스였어. 게다가 실제 개발을 해 보니 국내 최대 규모 정도가 아니라 아시아 최대 규모가 될지도 모른다는 얘기도 흘러나왔지. 박씨는 흥분을 감출 수 없었지만 초상집 분위기의 김씨 앞에서 표정 관리를 할 수밖에 없었지. 같은 공모주라도 이렇게 운명이 갈릴 줄이야. 사촌이 땅을 사면 배가 아프다고, 옆에 있는 동료가 투자에 성공하는 걸 보니 김씨는 저도 모르게 배가 살살 아파 왔어.

전환사채로 투자하는 파고파㈜

이번에는 파고파㈜의 차례였어. 성공적인 데뷔 이후 몇 차
례 조정을 거쳐 8만 원대 수준이었던 주가가 연일 상한가
행진을 기록했지. 이전까지 최고 주가인 11만 원을 넘어서
30만 원 고지에 다다랐어. 아시아 최대 규모라는데 더 말할
게 뭐 있겠어.

게다가 연일 국제 금 시세가 급등하는 중이라 파고파㈜는 더 높은 이익을 낼 것이 분명해 보였지. 파고파㈜ 주주들은 회사와 대표이사 장씨를 더욱 신뢰하게 되었어.

파고파㈜의 대표이사이자 이사회 의장인 장씨는 이사회를 소집했어. 새로운 사업 목표를 수립하기 위해서였지. 몇 달 후에 새로운 금광에서 본격적으로 채굴이 시작될 텐데 거기서 얻어지는 거대한 이익을 또다시 금광에 투자할 수는 없는 노릇이거든. 금광 개발업의 특징이 초기 투자금은 막대하게 들지만, 그 이후로는 안정적인 수익이 보장된다는 점이니까. 그렇다고 개발이 끝난 금광에 더 투자한다고 해서 더 많은 수익이 나는 것도 아니거든. 파고파㈜가 더 크려면 전공을 살려 새로운 금광을 추가로 개발하거나 아예 새로운 사업 영역을 개척해야 해.

투자의 매운맛을 보는 김씨 vs. 기업가로 성장하는 장씨

새로운 사업에 진출하기 위해 장씨는 진작부터 여러 가지 아이템을 검토하고 있었어. 광산업과 같은 전통적인 사업이 아닌, 미래 지향적이면서 수익률이 높은 아이템을 찾고 있었지. 처음에는 IT산업이 후보군으로 꼽혔어. 하지만 장씨조차도 IT산업에 대해 잘 모르기 때문에 망설여졌어. 크게 흥할 수 있지만, 반대로 크게 망해 버린 사례도 많이 보았기 때문에 섣불리 결정할 수가 없었지. 그렇게 고민에 빠져 있던 그를 사로잡은 마법 같은 단어가 있었는데, 그것이 바로 ESG야. 그런데 ESG가 뭐냐고?

환경경영(E), 사회적 책임(S), 건전한 지배구조(G)를 뜻하는 기업경영의 새로운 패러다임인 ESG가 기업경영뿐만 아니라 주식시장에서도 매우 뜨거운 용어로 주목을 받았어. 장씨는 ESG 관련 자료를 찾아보며 국내외 동향을 공부했지. 그러다 마침 광산 개발에 참여하고 있는 협력사 중 하나가 눈에 들어온 거야. 새소재화학㈜라는 회사가 전기자동차 배터리에 들어가는 부품 중 하나인 음극재에 관한 신기술 개발에 성공했다는 소식이 전해졌지. 기존 방식이 아니라, 신기술로 음극재 생산이 가능하다는 것을 증명했다고 하네? 장씨에게는 전기차 시대를 이끌고 갈 대박 아이템을 가진 회사가 파고파㈜의 협력사라는 사실이 바로 신의 계시처럼 느껴졌어. 그동안의 고민을 한 번에 날려 줄 구세주가 나타난 셈이지.

그러나 냉정하게 보면 아직 갈 길이 멀어. 이제 실험실에서 가능성만 발견했을 뿐, 양산에 성공한 것은 아니니까. 아직 불확실한 기술을 증명하기 위해서는 대규모 투자를 해서 공장을 세우고 시험 생산을 해서 성능을 인정받아야 하는데, 보통의 자본력으로 해결할 수 있는 일이 아니지. 평생 기술 개발에만 몸 바쳐 온 새소재화학㈜의 대표인 조씨 혼자 해결하기에는 불가능에 가까운 일이야. 어렵고 험난한 길이지만 그 길의 끝에는 빛나는 영광이 있을 것이라는 사실을 조씨는 잘 알고 있었어. 과연 그녀는 양산에 성공하기까지 험난한 여정을 슬기롭게 헤쳐 나갈 수 있을까?

새소재화학㈜ 대표

조씨는 단숨에 스타로 떠올랐어. 가까운 미래에 전기차만 생산하는 시대가 올 것이라 모두들 말하지. 하지만 아직 해결해야 할 어려움이 많이 있거든. 그중 가장 큰 문제가 배터리 문제인데, 새소재화학㈜가 이번에 개발한 기술은 기존 기술보다 배터리 효율을 크게 향상시키는 기술이라는 거야. 문제는 돈인데, 조씨에게도 김씨와 장씨가 예전에 고민했던 것과 유사한 고민의 시간이 찾아왔지. 은행에서 돈을 빌릴 것인가? 투자를 받을 것인가? 더 나아가 상장을 노려봐야 하나? 조씨는 고민에 고민을 거듭했지만 뾰족한 답을 찾아내지 못했어. 그리고 잠 못 이루는 날이 계속됐지.

우선 상장은 선택지에서 제외됐어. 아직 상장 심사를 통과할 만큼 실적이 쌓이지 않았거든. 상장한다는 것이 보통 어려운 일이 아니라 긴 시간을 갖고 준비해야 하는데, 그럴 만한 시간도 없었어. 은행에서 대출을 받는 것도 알아봤는데, 대출이 가능한 금액이 공장을 짓는 수준에는 턱없이 모자란 수준이었어. 사실상 새소재화학㈜에게 남은 선택지는 하나, 외부 투자를 통해 공장을 짓는 것뿐이었지. 과연 조씨가 이 험난한 정글에서 살아남을 수 있을까?

이런 상황을 파악한 장씨는 새소재화학㈜에 투자해야겠다고 결심했어. 협력사 관계를 이용해 조씨와 따로 만나는 시간을 가졌지. 대표는 조씨가 맡았지만, 조씨의 남동생도 회사에서 기술 개발에 전념하고 있다는 잘 알려지지 않은 사실도 장씨는 미리 파악하고 있었어. 창업주인 선친이 유산으로 두 남매에게 물려준 지분은 각각 45퍼센트로 동일하고, 열쇠는 10퍼센트 지분을 가진 어머니가 쥐고 있었다는 사실까지도 장씨는 이미 알고 있었지. 그리고 다른 두 사람은 조씨가 결정하면 대체로 따른다는 사실도.

새소재화학 주주 세 가족

조씨 45%   어머니 10%   남동생 45%

처음 단둘이 이야기를 나눴던 날, 장씨는 자신의 의중을 감추려고 노력했지. 이리저리 돌려가며 떠보는 말로 조씨의 생각을 알아보려고 했어. 조씨도 나름대로 조급한 사정을 숨기려고 애썼어. 신기술 개발 소식으로 몇몇 투자자들이 접근해 오고 있지만, 조건도 이상한 것 같고 믿을 만한 사람이 없어서 선뜻 결정을 내리지 못하고 있었거든. 시간 싸움인 신기술 개발 전쟁에서 하루빨리 양산에 성공해야 기업이 성장할 수 있을 텐데, 자금력이 부족해 과감한 투자를 하지 못하니 답답한 마음이 컸지.

장씨는 조씨에게 CB나 BW를 발행하는 것이 어떠냐고 제
안했어. 조씨는 그게 무어냐며 어리둥절한 표정으로 되물
었지. 장씨는 과거 IPO를 통해 투자금을 모으는 것을 고민
했을 때 공부했던 내용을 조씨에게 알려 주었어. 먼저 회사
채라는 걸 알아야 하는데, 회사채는 간단히 말해 회사가 빚
을 내는 거야. 회사가 빚을 내면 빌려준 사람에게 채권이라
는 걸 주지. 거기에는 언제까지 이자는 얼마로 갚겠다고 적
혀 있거든.

일반적인 채권은 현금을 빌리고 현금으로 갚는 거지만 회사채에는 여러 가지 형태가 있어. CB Convertible Bond도 그 가운데 하나인데 우리말로는 전환사채라고 해. 회사가 이후에 채권을 주식으로 전환할 수 있는 권리를 주기로 약속하고 돈을 빌리는 것이지. CB를 가진 채권자에겐 두 가지 선택지가 있어. ①만기가 되었을 때 현금으로 원금과 이자를 상환받는 것. ②미리 정한 시점에 약속한 만큼의 주식으로 받는 것. 채권자는 이 가운데 유리한 것을 선택할 수 있어. 주가가 많이 오르면 주식으로 받는 것이 더 유리할 테고, 주가가 떨어지면 현금으로 원금과 이자를 받는 것이 더 낫겠지.

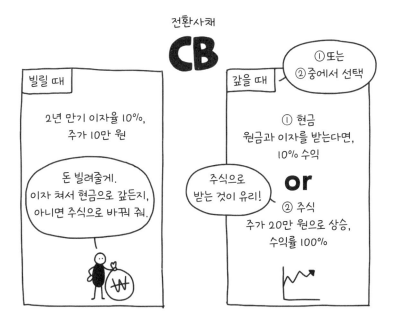

BW Bond with Warrant는 우리말로 신주인수권부사채라고 하는데, ①만기 시 원금과 이자를 현금으로 받고 이와 더불어 ②신주 인수를 청구할 권리가 있는 회사채야. BW를 가진 채권자는 만기가 되면 일단 무조건 원금과 이자를 돌려받는 거야. 그리고 신주 인수를 청구할 수 있는 기간이 될 때 주가를 보고 유리한 조건이면 돈을 내고 신주를 인수하면 되는 거야.

신주인수권부사채

BW

빌릴 때

2년 만기 이자율 10%,
주가 10만 원

돈 빌려줄게.
이자 쳐서 갚아야해. 그리고
중간에 주식을 살 수 있는
권리도 줘.

갚을 때

① 원금과 이자를 받아서
10% 수익 확보

② 주가 20만 원으로 상승,
빌릴 때 주가인 10만 원에
신주를 인수할 권리까지 가짐

BW는 인수한 자에게 주어지는 신주인수권과 채권을 따로 떼어놓고 생각할 수 있어. 중간에 돈을 내고 신주를 인수해도 만기에 원금과 이자를 받는 채권은 그대로 살아 있는 거야. 그리고 BW 발행 시에 미리 조건을 약속했다면, 신주를 인수하는 대가로 현금을 내는 대신 신주를 받고 원금과 이자는 다 갚은 셈 칠 수도 있어.

그뿐만이 아니야. 공개적으로 모집하는 공모 BW의 경우 신주인수권만 분리해서 거래할 수도 있어. 원금과 이자를 받을 권리는 그대로 가지고 있으면서 신주인수권만 따로 떼어 팔 수도 있으니 새로운 소득원이 생기는 것이지. 신주인수권을 청구하려면 자기 돈을 내고 주식을 사야 하잖아. 만일 주가가 오르는데 새로 주식을 살 현금이 부족하다면 신주인수권을 판매해도 수익을 얻을 수 있어. 투자자 입장에서는 CB에 비해 장점이 많아. 활용할 수 있는 카드가 늘어나는 것이니까.

"아, 정말 좋은 방법이네요." 조씨가 방긋 웃는 표정을 지었어. 막상 외부 투자를 유치하자니 지분율이 낮아질까 봐 고민했는데, 회사채를 발행하는 것으로도 은행에서 빌리는 것보다 훨씬 더 큰 규모의 자금을 유치하면서도 당장 지분율의 변화는 없다니 솔깃한 제안이었지. 이상하게 조씨는 장씨의 말에 안도하는 마음이 들었어. 다른 투자자들이 얘기할 때는 선뜻 믿기 어렵기도 하고 그들이 조씨를 속이려고 하는 것 같아 경계했거든. 장씨의 말솜씨가 좋은 덕분인지 파고파㈜라는 회사의 배경 때문에 신뢰감이 생긴 덕분인지는 모르겠어. 분명한 것은 조씨의 마음이 움직이기 시작했다는 거야.

"이런 장점도 있어요. CB와 BW 모두 회사채의 한 종류이지만, 이자율을 매우 낮게 설정할 수 있거든요. 경우에 따라서는 이자율을 0%로 하기도 해요. 회사채를 발행하면서 이자 부담도 없이 큰 자금을 조달할 수 있다는 사실이 정말 매력적이지 않나요? CB나 BW를 발행만 하신다면, 파고파㈜에서 이자율 0%에 100억 정도는 빌려드릴 수 있어요."
이자율을 0%로 한다는 것은 돈을 빌려주는 사람의 입장에서 향후 낮은 가격에 주식을 인수하고 싶다는 뜻으로 해석해도 무방해. 하지만 당장 돈이 급한 사람에게 이자율 0%는 달콤한 유혹이지. 장씨와 파고파㈜를 신뢰하는 조씨는 장씨의 제안에 이끌렸어.

"좋아요. CB 발행하겠습니다. 100억이면 충분히 양산에 성공하고 공장 증설도 할 수 있을 거예요." "잘 생각하셨습니다. CB 발행에 필요한 절차는 저희가 전문가를 소개해 드리지요. 이자율은 0%로 하고, 3년 만기 조건이면 좋겠습니다. 주식 전환은 CB 발행 이후 1년 이후부터 가능하게 하고, 전환가격은 액면가 5,000원을 기준으로 계약 체결하시지요." 조씨는 당장 현금 100억 원을 확보할 수 있다는 기쁨에 겨워 양산에 성공하는 장밋빛 미래만을 꿈꿨어.

경 음극재 양산 성공 축

조씨가 장씨의 말을 100% 이해한 것은 아니었어. 하지만 장씨 말을 믿고 다른 주주인 남동생과 어머니를 설득하여 CB를 발행했고, 이는 전부 파고파㈜에 배정되었어. 100억 원의 현금을 확보한 새소재화학㈜는 양산을 위해 투자했고 결국 신기술로 음극재 양산에 성공했어. 다시 한번 언론의 주목을 받게 되었지. 조씨 가족과 새소재화학㈜ 회사의 앞날에 꽃길만이 펼쳐진 것 같았어.

장씨와 조씨 모두 윈-윈 하는 관계로 출발했어. 파고파㈜ 는 새소재화학㈜와 협력사로 관계를 맺기 시작하여 이제는 채권자이면서 미래에는 주주가 될 수도 있지. 새소재화학 ㈜가 예상대로 음극재 양산을 통해 기업 가치가 커진다면, 파고파㈜는 현금 100억 원을 상환받는 대신에 주당 5,000 원이라는 헐값에 새소재화학㈜ 주식을 200만 주나 확보할 수 있게 되니까.

어떤 사람은 이렇게 말할 수 있겠지. 대동강 물장수인 봉이 김선달 이야기 같다고. 하지만 잘 생각해 봐. 100억 원의 자금이 투입되지 않았다면, 새소재화학㈜가 음극재 양산에 성공했을까? 불가능한 일이었겠지. CB 발행 당시 전환가치를 주당 5,000원으로 정한 것을 문제 삼을 수는 있겠지만, 어쨌든 계약상 조씨도 이에 동의하고 당장 급한 자금을 무이자로 빌렸잖아. 양산에 성공한 지금이야 장씨가 유리한 계약을 한 것이 명백하지만, CB 발행 시점에 신기술 개발 성공 여부는 미지수였어. 기술 개발에 실패하면, 파고파㈜에 손해였던 상황이지. 장씨는 도박을 걸었고, 지금까지 그 베팅은 성공적으로 보였어.

투자의 매운맛을 보는 김씨 vs. 기업가로 성장하는 장씨

장씨의 승부사 기질은 새소재화학㈜의 CB 인수에서만 돋보이는 것이 아니었어. 신규 광산에서도 예상했던 규모대로 생산량이 나왔고, 파고파㈜는 충분한 현금을 확보하게 되었지. 전문적인 투자사가 아닌데도 자체 보유한 현금만으로도 충분히 다른 기업을 인수할 만한 수준이 된 거야. 파고파㈜가 성장하는 과정에서 장씨는 경제 공부도 많이 하고 경제계의 네트워크도 탄탄해졌지. 파고파㈜가 잘 나간다는 사실을 알고 많은 실력 있는 사모펀드들이 장씨에게 투자를 권유했지. 장씨는 새소재화학㈜의 성공을 보면서 친환경 기술, 특히 배터리 관련 기술을 가진 기업에 투자하는 것이 유망하다는 확신을 갖게 됐어.

episode 9.

제3자배정 유상증자에 참여하는 파고파㈜

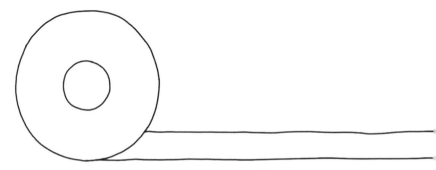

㈜밀어알루미늄 유상증자로 1,000억 확보

새소재화학㈜의 성공에 자신감을 얻은 장씨는 거침이 없었지. 다음으로 장씨의 눈에 들어온 기업은 전기차 배터리에 들어가는 알루미늄박을 생산하는 ㈜밀어알루미늄이라는 회사였어.

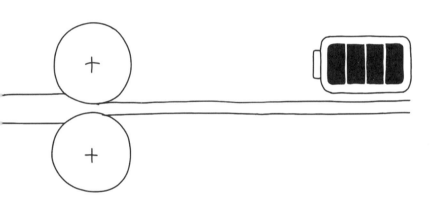

이 회사 역시 생산 설비를 늘리기 위한 대규모 투자가 필요한 상황이었지. 시장에서는 유상증자를 통해 1,000억 원의 자금을 확보하기를 원한다는 소문이 돌았어. 상장사인 ㈜밀어알루미늄은 그동안 보수적인 경영을 하기로 유명한 회사였지. 그런데 워낙 전기차 배터리 관련 시장이 커지니까 회사도 욕심을 내지 않을 수 없었던 거야.

유상증자의 종류

유상증자는 주식회사가 자본금을 늘리려는 목적으로 신주를 발행하여 기존 주주나 제3자에게 파는 것이다. 유상증자의 방식은 신주를 배정하는 방식에 따라 크게 세 가지로 나누어 볼 수 있다.

① 주주배정방식

기존 주주에게 신주인수권을 주어 대가를 지불하고 신주를 인수하도록 하는 방식이다. 신주를 발행하게 되면 기존 주주들의 지분이 희석되는 문제를 피할 수 없는데, 기존 주주의 권리 침해를 보완할 수 있는 방식이다. 원칙적으로 기존 주주들은 차별 없이 기존 지분에 따라 신주인수권을 받는다. 신주인수권을 받은 기존 주주들은 그 권리 행사를 포기할 수도 있는데, 이때 기존 주주가 권리 행사를 포기한 주식을 실권주라 부른다.

② 일반공모방식

불특정 다수를 대상으로 주주를 모으는 방식이다. 보통 기업공개를 하여 주식시장에 상장하는 경우에 채택된다. 기존 주주에 대한 신주인수권이나 우선청약권리를 배제하고 일반공모에 참여하는 투자자가 동일한 조건으로 신주를 인수하게 된다.

③ 제3자배정방식

주식회사가 제3자를 특정하여 신주를 배정하는 방식이다. 보통 회사와 이해관계가 있는 제3자와 사전에 협의하여 진행한다. 신주를 배정받는 제3자를 지정할 때 기존 주주를 포함할 수도 있는데, 이는 특정 주주에게만 차별적으로 신주를 배정한다는 점에서 주주배정방식과 구별된다.

㈜밀어알루미늄의 유상증자는 파고파㈜의 유상증자와는 다른 케이스야. 파고파㈜는 일반인에게 주식을 공개하는 일반공모방식이었고, ㈜밀어알루미늄은 제3자배정 유상증자를 검토하고 있어. 새롭게 주주가 되는 제3자 (기존 주주도 포함될 수 있음)와 투자금액을 정해서 그 사람에게만 신주를 발행하는 방식이야. 파고파㈜는 이미 주식시장에서 떠오르는 스타가 되었고, ㈜밀어알루미늄 측으로부터 유상증자 참여를 제안받은 상황이야. 300억 원 정도로 제안이 들어왔는데, 파고파㈜는 통 크게 500억 원 투자도 가능하다고 내질렀지.

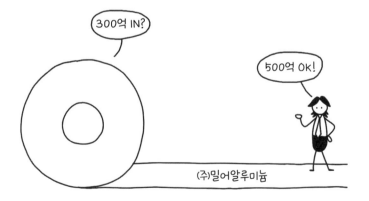

㈜밀어알루미늄의 제3자배정 유상증자는 성공적으로 마무리되었어. 유상증자 시점에서 ㈜밀어알루미늄의 주가는 11,000원 수준이었는데, 제3자배정을 통해 신주는 10,000원으로 발행되었어. 파고파㈜는 500억을 투자하여 500만 주의 신주를 갖게 된 거지. 기존 주주들은 불만이 가득했어. 생각해 봐. 이번 유상증자를 통해 총 1,000만 주의 주식이 늘어나게 되었으니, 자신이 갖고 있는 주식의 가치가 하락한다고 느낄 수도 있지 않겠어? 그런데 실제로 가치가 하락하는 것일까? 그것은 사실 그 시점에서는 아무도 몰라. 유상증자 역시 회사를 잘 운영하기 위한 결정이고, 경영상의 결정은 항상 잘 될 수도, 아닐 수도 있는 것 아니겠어? 대주주와 경영진은 보통 투자를 통해 더 큰 수익을 올리려고 하지. 그러니 그 뜻대로 된다면 당연히 좋을 것인데, 그럼에도 유상증자 후에는 주가가 떨어지는 경우가 많아.

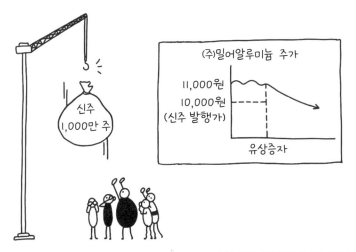

기업이 유상증자를 한다는 것은 회사의 자금 사정이 어려워
졌다는 신호로 해석될 수도 있으니까. 사실 ㈜밀어알루미
늄의 경우 설비 투자를 위한 자금 확보가 유상증자의 목적
이었지만, 그럼에도 불구하고 시장은 일단 부정적으로 반
응했어.

한 달 새 주가는 하락세를 면치 못하다가 이내 안정을 찾았
어. 주가가 8,000원 수준까지 떨어졌을 때는 주주들의 원
성이 폭발할 지경이었는데, 다행히 8,000원에서 서서히 반
등하기 시작했지.

㈜밀어알루미늄 소금물

하지만 유상증자를 통해서 회사가 성장하고 기업가치가 증대된다면? 당연히 주가는 오르겠지. 다행히도 ㈜밀어알루미늄은 설비 투자가 시작된 이후 배터리 업체의 주문 예약이 충분히 확보되었어. 전기차 배터리 수요가 늘어나서 안정적으로 부품을 공급받으려는 회사가 있었지. 그 소식이 전해지자 주가는 다시 상승하여 어느덧 15,000원을 넘보는 수준에 이르렀어.

여기서 장씨의 행보를 다시 볼까? 사실 장씨는 더 큰 꿈을 갖고 있었어. CB를 인수하거나 유상증자에 참여하는 수준이 아니라, 배터리 소재 관련 기업 인수를 꿈꿨거든. 그래서 장씨는 조용히 ㈜밀어알루미늄의 주식을 사 모았지. 아까 얘기했듯이 유상증자 직후에 주가가 8,000원 수준까지 곤두박질친 적이 있었지. 그때 장씨는 본인이나 가족 명의로 주식시장에서 ㈜밀어알루미늄의 주식을 사기 시작했어. 이미 500억 원으로 유상증자에 참여할 때 파고파㈜는 10% 지분을 확보하고 있었고, 조용히 주식을 사 모은 장씨 및 가족이 5%나 확보하게 되었지. 이렇게 인수 목적을 가지고 주식시장에서 주식을 장기간 매수하는 것을 시장매집이라고 불러.

이렇게 해서 파고파㈜ 및 장씨 일가가 확보한 ㈜밀어알루미늄의 지분은 15%가 되었어. 제3자배정 유상증자 당시 모집된 총 1,000억 원의 투자금 중 파고파㈜가 500억 원을 투자했고, 두 사모펀드가 각각 250억 원씩 투자했지. 두 사모펀드의 지분율은 각각 5%야. 사모펀드 PEF Private Equity Fund 란 자산운용사가 투자 목적으로 비공개적으로 소수의 투자자(50명 미만)로부터 자금을 모아 주식, 채권 등에 투자하는 펀드를 말해. 두 사모펀드 모두 배터리 소재 산업의 미래가 유망하다는 점과 ㈜밀어알루미늄의 성장 가능성을 믿고 과감하게 투자했지.

두 사모펀드는 처음부터 경영권 참여를 목적으로 하지 않고 오로지 돈만 바라보는 성격이 강했어. 향후 지분을 팔아서 이익을 얻는 것을 목표로 하는 재무적 투자자 FI Financial Investors에 가깝지. 반면 파고파㈜는 처음부터 새로운 분야로 사업을 확장하려는 의도를 가지고 경영 참여를 목표로 하는 전략적 투자자 SI Strategic Investors였어. 하지만 아직은 장씨가 그 의도를 드러낼 때가 아니었지.

두 사모펀드는 전기차 배터리 소재 산업의 비전을 보고 투자했지만, 막상 투자자가 되어 보니 ㈜밀어알루미늄의 기존 경영진이 마음에 들지 않았어. 그동안 너무 보수적인 기업 운영만 해 왔기 때문에 새로운 시대에는 맞지 않다고 판단을 한 거지. 그렇다고 당장 이익을 실현할 수도 없는 노릇이야. 주당 10,000원에 인수한 주식이 현재는 15,000원 정도 되었으니, 주식을 처분하면 차익이 남겠지만, 그렇게 할 수가 없었어. 제3자배정 유상증자에는 발행일로부터 1년간 의무보호예수 기간이란 게 있거든. 1년 동안은 주주라도 마음대로 주식을 처분할 수 없도록 규제하는 거야. 제3자배정 유상증자의 경우 기준주가 대비 10% 이내로 할인율을 적용할 수 있어. 싸게 산 주식을 바로 팔아 버린다면 기존 주주에게 손해가 갈 수 있는 상황을 방지하는 것이지.

"우리 같이 힘을 합치는 게 어때요?" 장씨가 두 사모펀드에 제안을 했어. 당장 ㈜파고파와 장씨의 우호지분 15% (10%+5%)와 두 사모펀드가 보유한 지분 10%만 합해도 25% 나 돼. 하지만 현재 경영진이 확보하고 있는 우호지분 33% 보다는 아직 부족해. 그래도 ㈜밀어알루미늄을 인수하려는 장씨의 꿈을 실현하기 위해서는 두 사모펀드의 협조가 꼭 필요하지. 재무적 투자자인 사모펀드 입장에서는 자신에게 더 많은 수익을 안겨 줄 대주주가 등장한다면 적극적으로 밀어주지 않을 이유가 없어.

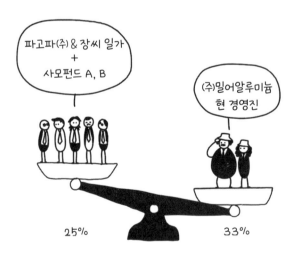

그런데 ㈜밀어알루미늄의 경영진이 갖고 있는 33% 지분이 조금 모자라 보이지 않아? 현 경영진과 우호세력이 보유한 주식수는 1,650만 주야. 유상증자 이전에는 총 주식수가 4천만 주였기 때문에 지분율이 41%였거든. 그런데 제3자 배정 유상증자로 총 주식수가 5천만 주가 되어서 경영진의 지분율도 33%가 된 거야. 앞서 소액주주들이 주식 가치가 희석되는 것에 불만이 있었다고 했지? 사실 가장 큰 위험을 감수한 것은 현 경영진이야. 1,000억 원의 현금 확보를 위해서 지분율이 낮아지는 걸 받아들인 거지.

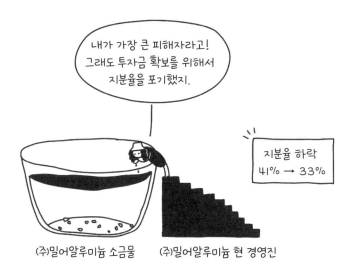

㈜밀어알루미늄 소금물   ㈜밀어알루미늄 현 경영진

"공개매수를 시도하는 게 어떨까요?" 사모펀드 A가 제안했어. ㈜밀어알루미늄의 불특정 다수 주주들을 대상으로 공개매수 공고를 내서 특정 조건으로 장외에서 거래하자고 제안하는 것이지. 시장매집은 주식시장이 열려 있는 상황에서 이루어지기 때문에 한꺼번에 많은 물량을 확보하기도 힘들어. 그리고 짧은 시간에 대량으로 주식을 사들인다면 가격이 급격히 오르기 마련이야.

이미 15,000원대로 주가가 형성되어 있는 상황에서 많은 주주들의 청약을 이끌어 내려면 그 이상의 가격으로 당근을 던져 줘야 해. 하지만 공개매수에 성공하면 한꺼번에 많은 주식을 확보할 수 있지. 파고파㈜는 공개매수를 성사시키기 위해 18,000원의 가격으로 1,000만 주(20%)를 매수하겠다고 공고했어. 만약 공개매수가 성공하고 두 사모펀드와 연합한다면 파고파㈜의 우호지분은 모두 45%나 될 수 있는 거야.

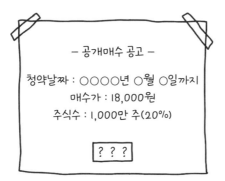

계획은 좋은데 누가 고양이 목에 방울을 달지? 자그마치 1,800억 원의 현금이 필요한 일인데 말이야. 장씨가 고민을 거듭했어. 마침 금 시세는 계속 오르고 있고 새로운 광산에서도 안정적으로 금이 생산되고 있었어. 하지만 아무리 파고파㈜의 현금이 많다고 하더라도 한 번에 1,800억 원이라는 현금이 지출되는 것이라 부담이 컸지. 사업이란 게 워낙 변수가 많으니까 함부로 모험할 수도 없고. 장씨의 고민은 깊어만 갔어.

오랜 시간 고민한 끝에 장씨는 마침내 결심했어. 새로운 금광을 계속해서 개발할 수 있는 것도 아니고, 광산업은 기본적으로 사양 산업이기 때문에 미래를 위해서 돈이 있을 때 과감하게 투자해야 한다고 생각했지. 자신이 직접 ㈜밀어알루미늄의 경영을 맡는다면 회사를 더욱 성장시킬 수 있다는 자신감도 컸어. 공개매수에 필요한 총 1,800억 원 중에서 1,000억 원은 파고파㈜가 보유한 여유 자금으로 충당하고, 나머지 800억 원은 파고파㈜의 자산을 담보로 대출을 받기로 했지.

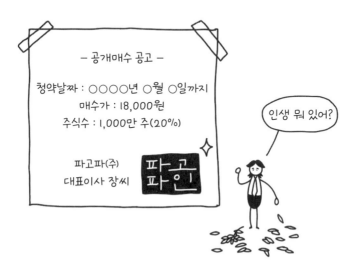

공개매수 공고가 뜨자 파고파㈜의 주주들이 즉각 반발했어. 파고파㈜가 좋은 실적을 내고 있지만, 너무 무리하게 사업을 확장하는 것이 아니냐는 불만이었지. 당장 주가로 반응이 왔어. 30만 원을 오르내리던 주가가 25만 원까지 떨어졌지. 하지만 장씨는 언론에 나와 당당하게 사업 계획을 밝혔어. 금광 개발의 성과에 안주하는 것이 아니라, 배터리 소재 산업에서 새로운 가치를 만들어 내겠다는 비전을 제시했어.

비록 파고파㈜의 주가가 일시적으로 하락하기는 했지만, ㈜밀어알루미늄의 기존 주주들은 공개매수에 호응했어. 당장 현재 시장 가격보다 높은 가격에 주식을 사준다고 하니 마다할 이유가 없었지. 공개매수에 응하겠다는 청약이 줄을 이었고, 마감일까지 목표했던 1,000만 주를 넘어 1,200만 주 넘게 청약이 들어왔어.

파고파㈜는 정해진 날짜에 장외 거래를 통해 주당 18,000원의 가격으로 1,000만주를 획득했어. 시장매집을 통해 20% 지분을 확보하려면 시간이 오래 걸리고 주가 상승을 피할 수 없었을 거야. 파고파㈜가 공개매수를 선택했기 때문에 한 번에 20%나 되는 지분을 추가로 얻을 수 있었지. 장씨는 곧바로 다음 행보를 이어갔어. 임시주주총회 소집을 요구했지. 안건은 대표이사 해임 및 선임에 관한 건이었어. 기존 대표이사를 해임하고 장씨를 새로운 대표이사로 선임하겠다는 안건이야. 물론 사모펀드 A와 B가 파고파㈜의 편이기 때문에 가능한 일이었지.

㈜밀어알루미늄
경영진

㈜밀어알루미늄
임시주주총회

파고파㈜와 그의 우호지분은 45%였지만, 소액주주들의 위임장도 확보하고 있었기 때문에 과반을 넘길 수 있었지. 장씨는 큰 무리 없이 ㈜밀어알루미늄의 대표이사로 선임되었어. 해임된 대표이사와 기존 경영진은 망연자실했지만 별다른 수가 없었어. 법적으로 아무 문제 없는 처리였기 때문에 결과를 받아들일 수밖에 없었지. 이제는 장씨의 시간이야. 경영자로서 그의 능력을 증명해 보이는 일만 남은 거지.

㈜밀어알루미늄의 기존 경영진 입장에서는 경영권 방어를 하지 못했다는 사실이 안타깝겠지만, 제3자배정 유상증자를 결정할 당시에 이미 이런 위험을 감수했던 것이지. 유상증자를 하기 전에 기존 경영진의 우호지분은 모두 합해 41%였어. 제3자배정 유상증자로 1,000만 주의 주식이 새롭게 발행되면서 지분율은 33%로 떨어졌지. 회사는 유상증자로 모인 1,000억 원으로 설비 투자를 했고 이를 통해 주문량이 늘었으니까 1차 목표는 달성한 거야. 기존 경영진이 나름대로 위험을 줄이기 위해 어느 한쪽에게 지분을 몰아주지 않고 분산하여 유상증자한 것인데, 사모펀드 A와 B가 배신할 줄은 몰랐지.

새로 ㈜밀어알루미늄의 대표이사로 취임한 장씨는 점령군처럼 행세하지 않으려고 노력했어. 직원들의 사기를 높이기 위해 복지 제도를 개편하고 임금 인상을 약속했지. 직원들은 더 열심히 일했고, 실적은 더욱 좋아졌어. 그 결과 주가도 30,000원을 넘어서게 됐어. 처음 주당 10,000원에 각각 5% 지분을 확보한 사모펀드 A와 B뿐만 아니라, 공개매수를 통해 주당 18,000원으로 20% 지분을 추가로 얻은 파고파㈜ 모두가 이익을 얻게 된 거지.

㈜밀어알루미늄 주가
30,000원

㈜밀어알루미늄 직원들

파고파㈜

주식
10,000원

주식
10,000원

주식
18,000원

탁월한 경영 능력까지 인정받은 장씨는 그야말로 탄탄대로를 걷는 기분이었지. 장씨의 경영 능력이 인정받은 덕분에 덩달아 파고파㈜의 주가도 다시 오르기 시작했어. 파고파㈜의 주가 상승은 단지 장씨의 능력이 높이 평가받았기 때문만이 아니야. ㈜밀어알루미늄의 최대주주가 파고파㈜이기 때문에 파고파㈜의 기업가치가 오르는 것은 당연한 일이지.

지주회사를 꿈꾸는
파고파(주)

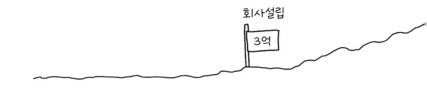

회사설립

3억

장씨의 맹활약 덕분에 박씨는 앉아서 큰 부자가 되었어. 처음 파고파(주)를 만들었을 때 3억 원을 투자하여 3%의 지분을 확보했지. 그 후로 지금까지 박씨는 단 한 주의 주식도 팔지 않았어.

지주회사 설립을 위한 준비 1. 물적분할

IPO가 성사되고 지분율이 1.2%로 떨어졌지만, 공모가인 50,000원 기준으로도 박씨가 보유한 주식의 가치는 30억 원이 되었어. 이제 주가가 50만 원을 바라보는 시점이라 300억 원 고지가 얼마 남지 않았어. 박씨는 장씨를 찾아가 고마운 마음을 전하고자 했지.

반갑게 박씨를 맞이한 장씨는 오히려 자신이 고맙다고 인사
했어. IPO를 결정하는 임시주주총회에서 박씨가 자신을 지
지해 주지 않았더라면 이런 일은 꿈도 꾸지 못했을 거라고.
그 덕분에 겨우 IPO를 할 수 있었고, 회사가 급성장했던 것
이라고. 장씨는 파고파㈜가 새로운 도약을 하기 위해 몇 가
지 변화를 꾀하고 있다고 말했지. 그 핵심은 지주회사 설립
이야. 지주회사란 다른 회사의 주식을 소유하고 지배하는
것을 주 사업목적으로 하는 회사야. 파고파㈜가 사업 영역
을 넓히면서 중심에는 지주회사가 있고, 지주회사 아래 사
업 분야별로 자회사를 두는 그림을 생각하게 된 거지.

지주회사

① 지주회사 요건

지주회사란 주식의 소유를 통하여 다른 회사의 사업 활동을 지배하는 것을 주된 사업으로 하는 회사를 뜻한다. 우리나라에서 지주회사 요건은 자산총액 5천억 원 이상이고, 회사가 소유하고 있는 자회사 주식가액 합계액이 자산총액의 50% 이상을 차지하고 있어야 한다. 또한 지주회사는 자회사가 상장회사인 경우 지분율 30% 이상을, 비상장회사인 경우 50% 이상을 보유해야 지주회사로 인정받을 수 있다.

② 지주회사 종류

지주회사는 지주회사가 사업 활동을 하는지 여부에 따라 순수지주회사와 사업지주회사로 나뉜다. 순수지주회사란 자체적인 사업 활동을 하지 않고, 다른 회사의 주식을 소유함으로써 그 회사를 지배하는 것을 유일한 사업 목적으로 하는 회사이다. 순수지주회사는 자회사의 배당수익과 평가 이익, 브랜드나 로열티 수익 및 자회사에 대한 부동산 임대료 수익 등으로 사업을 운영한다. 사업지주회사는 직접 사업 활동을 하면서 동시에 다른 회사를 지배하기 위해 주식을 소유하는 회사를 뜻한다.

또한 자회사의 사업 내용에 따라 금융지주회사와 일반지주회사(비금융지주회사)로 나뉜다. 자회사가 금융업을 할 경우 금융지주회사로 설립해야 하며, 금융업외 사업을 하는 자회사를 가진 자회사는 일반지주회사로 분류된다. 우리나라에서는 금융업과 일반기업을 분리하여 한 지주회사 안에 같이 자회사로 두지 못하도록 규제하고 있다.

③ 지주회사의 장단점

정부에서는 IMF 외환위기 이후 재벌의 고질적인 문제점인 복잡한 순환출자구조 문제를 해결하기 위한 대안으로 지주회사체제로 전환을 장려했다. 지주회사로의 전환으로 얻을 수 있는 장점은 소유 구조를 단순하고 투명하게 만들어서 그룹 전체의 전략적 통제가 가능하고 원활한 구조조정을 할 수 있다는 점이다. 또한 계열사가 실패하더라도 지주회사는 출자의 범위 내에서만 책임을 부담하므로 다른 사업부문으로 위험이 전이되는 것을 방지할 수 있다. 정부는 자회사로부터 받은 배당에 대한 세금 면제 등과 같이 과세특례와 각종 혜택을 부여하고 있다.

단점으로는 사안에 따라 의사 결정이나 경영 프로세스가 복잡해질 수도 있고, 소액주주와 지배주주의 이익이 충돌할 수 있다는 점을 꼽을 수 있다. 또한 자회사 지분율 요건을 갖추기 위해 많은 자금이 필요하기 때문에 기업재무구조가 악화될 위험성도 존재한다.

장씨의 포부에 박씨는 감탄을 금치 못했어. 이래서 사람은 역시 큰물에서 놀아야 하나 봐. 장씨는 지주회사를 만들기 위해서는 먼저 파고파㈜를 분할해야 한다고 말했어. 그 방법에는 두 가지가 있는데, 하나는 물적분할이고, 다른 하나는 인적분할이야. 하나의 회사를 사업별로 나누려고 하는데, 역시 그 방법이 쉽지 않은 거야. 장씨는 어떤 방법으로 지주회사를 만들지 고민하는 단계라고 했어. 박씨는 물적분할이 뭔지, 인적분할이 뭔지 하나도 알아듣지 못해 어리둥절한 표정을 지었지. 장씨는 박씨에게 차근차근 설명해 줬어.

먼저 물적분할은 단순해. 신설회사를 존속회사(기존 회사)가 100% 지분을 갖고 소유하는 형태야. 분할할 대상이 되는 사업에 관련된 자산과 부채를 떼어내서 신설회사에 이전만 하면 되는 거야. 그리고 신설회사가 발행하는 주식을 존속회사가 모두 소유하는 것이지. 존속회사의 주주에게는 신설회사 주식이 단 한 주도 주어지지 않아. 이렇게 되면 존속회사의 주주들은 신설회사를 간접적으로 소유하게 되는 셈이지.

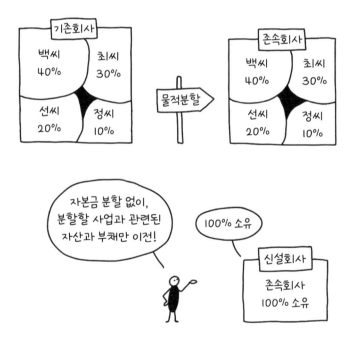

지주회사 설립을 위한 준비 2. 인적분할

인적분할은 조금 복잡해. 먼저 존속회사에서 분할할 대상의 사업과 관련된 순자산을 계산하여 분할 비율을 정해. 예를 들어, 존속회사:신설회사 의 분할비율이 0.7:0.3 으로 계산되었다면, 이 비율대로 자본금과 발행주식을 나누어 존속회사와 신설회사를 새롭게 만들어. 만약 분할 이전 회사의 주식이 100만 주였다면, 분할 이후에는 70만 주:30만 주 비율로 나뉘게 되는 거지.

인적분할의 경우 분할한 이후에 주주와 기존회사의 주주의 비율이 동일하게 구성돼. 기존회사에서 분할 이후 70만 주와 30만 주로 나뉘었다고 해도 각 회사에서 주주의 지분율은 그대로 유지되는 것이지. 기존회사의 주주들은 존속회사와 신설회사의 주식을 모두 갖게 되고 지분율은 원래 가졌던 지분율만큼 유지하게 돼.

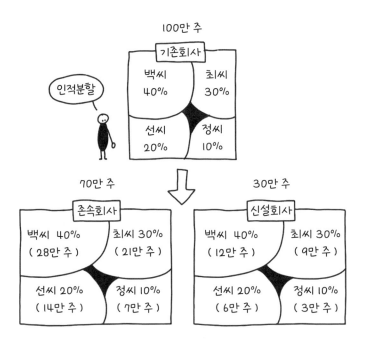

여기서 다시 파고파㈜의 사례를 생각해 보자. 파고파㈜는 이미 새소재화학㈜나 ㈜밀어알루미늄에 대해서 투자 사업을 한 거야. 새소재화학㈜가 발행한 CB를 인수했고, ㈜밀어알루미늄에는 직접 투자를 했지. 이를 제외한 나머지 사업 부문은 광산업이야. 그렇다면, 광산업 부문만 따로 떼어내서 물적분할하는 것을 생각해 볼 수 있겠지. 그리고 사명을 바꾸는 것이지. 지주회사가 되는 존속회사는 파고파홀딩스㈜로 하고, 물적분할 이후 금광 사업을 영위하는 신설회사는 파고파광업㈜로 하는 거야.

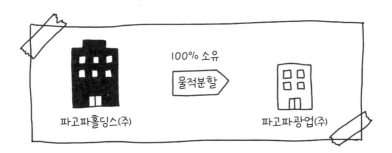

이렇게 되면, 파고파홀딩스㈜라는 지주회사가 탄생하기 위한 밑그림은 쉽게 그려져. 새소재화학㈜의 CB(전환사채)가 주식으로 전환될 수 있는 시점이 되면 전액 주식으로 전환할 계획이야. 이후 추가 지분 매입을 통해 지주회사 안으로 편입시키는 것이지. ㈜밀어알루미늄에서는 이미 공개매수까지 거쳐 충분한 우호지분을 확보했어. 의무보호예수 기간이 끝난 이후에 두 사모펀드의 지분까지 모두 인수한다면 지주회사 안으로 편입시킬 수 있을 거야.

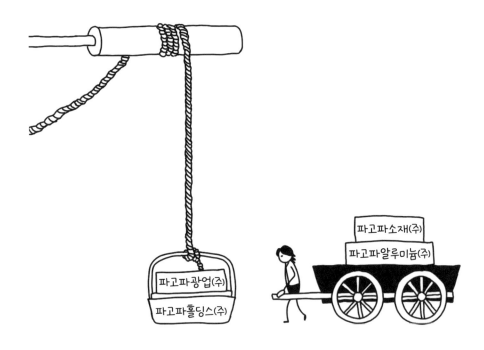

인적분할의 경우 사정이 조금 복잡해. 물적분할에서는 파고파홀딩스(주)가 100% 파고파광업(주)를 지배할 수 있지. 하지만 인적분할을 하면 주주 구성과 지분율이 분할 전 상황과 똑같이 복제되잖아. 그렇게 되면 파고파홀딩스(주)가 파고파광업(주) 주식을 단 한 주도 갖지 못해. 파고파홀딩스(주)와 파고파광업(주) 사이에 연결고리가 없으니까. 장씨나 박씨 같은 개인 주주들은 분할 이전과 똑같은 지분율로 파고파광업(주)를 소유하게 되지만, 파고파홀딩스(주)에게는 파고파광업(주)의 주식이 단 한 주도 돌아가지 않아. 이래서는 파고파홀딩스(주)가 지주회사가 될 수 없겠지.

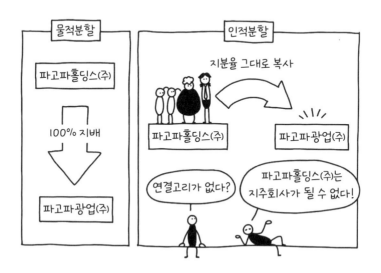

그래서 하나의 단계가 더 필요해. 일명 '자사주의 마법'이라고 불리는 거야. 이걸 알려면 먼저 자사주가 뭔지 알아야겠지? 자사주란 회사법인 명의로 소유한 자기 회사의 주식을 말하는 거야. 파고파㈜의 대표인 장씨와 파고파㈜ 회사는 다른 거잖아. 그러니까 파고파㈜가 파고파㈜의 주식을 소유하는 거지. 파고파㈜는 그동안 꾸준하게 자사주를 사들여서 어느덧 10%나 확보했어.

자사주를 취득하는 목적은 여러 가지가 있어. 자사주에게
는 의결권이 주어지지 않아. 그래서 의결권을 갖는 주식수
를 줄이는 효과가 있기 때문에 지배주주의 경영권을 강화
하는 효과가 있지. 시장에 유통되는 주식수를 줄이기 때문
에 주가가 상승하는 효과도 있어. 그래서 일반적으로 자사
주 매입은 주식시장에서 투자자들에게 긍정적인 신호로 받
아들여지지. 투자자 입장에서는 앉아서 자신의 주식의 가
치가 올라가니까 마다할 이유가 없는 거야. 기업 입장에서
도 잉여금을 주주를 위해 환원한다는 이미지도 주고, 미래
를 대비하는 데 쓸 수 있는 카드를 마련해 놓는 셈이지.

자, 이제 분할 이전에 자사주를 10% 보유하고 있던 파고파
㈜가 파고파홀딩스㈜로 사명을 먼저 변경했다고 가정해 볼
게. 인적분할을 통해 존속회사인 파고파홀딩스㈜와 신설회
사인 파고파광업㈜로 분할하면 어떻게 될까? 자사주가 없
었다면 분할 직후 파고파홀딩스㈜가 파고파광업㈜를 전혀
지배할 수가 없었겠지. 하지만 자사주를 10% 보유하고 있
던 상황에서는 분할 전에 보유했던 10% 지분이 그대로 파
고파광업㈜로 복제가 되는 거야.

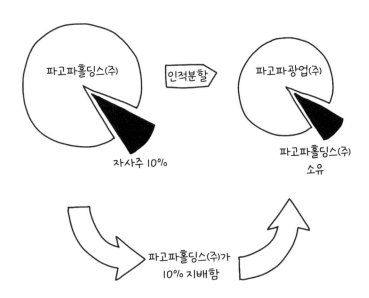

이렇게 아직 10%밖에 되지 않지만 파고파홀딩스㈜가 파고 파광업㈜에 대한 지배권을 갖게 되는 거지. 분할 전에는 의 결권이 없는 10% 지분이 그대로 복제되어 이제는 파고파광 업㈜의 의결권을 가진 지분 10%로 재탄생했으니 마법이라 부를 만하지 않아? 이와 같이 분할 이전에 의결권이 없는 자사주가 분할 이후 신설회사의 의결권을 가진 지분으로 재 탄생하는 것을 '자사주의 마법'이라고 불러.

그런데, 파고파홀딩스㈜가 지주회사 자격으로 파고파광업 ㈜를 지배하는 데 부족함이 있어. 자회사가 상장회사인 경우 지주회사가 자회사의 지분을 30% 이상 소유해야만 지주회사로 인정받을 수 있거든. 20% 이상 지분이 부족한 거지. 이건 또 어떤 방법이 있을까? 뒤늦게 파고파광업㈜ 주식을 매입하려고 하면 또 돈이 들겠지? 그런데, 그럴 만한 현금이 부족하면 어떻게 해야 하지?

먼저 지주회사인 파고파홀딩스㈜가 유상증자를 통해 신주를 발행하는 거야. 그런데, 여기서 현금을 받고 신주를 주는 것이 아니라, 현물을 받는 형태로 신주를 발행하는 것이지. 꼭 돈으로 주식 대가를 받으라는 법이 있어? 현금이 아니더라도 그만큼 가치를 가진 것과 바꿀 수 있지. "눈에는 눈, 이에는 이"라는 말이 있잖아. "주식에는 주식" 어때? 주식시장에서는 보통 주식으로 교환하는 거래를 해.

파고파홀딩스㈜가 현금 대신 주식을 대가로 받고 파고파홀딩스㈜의 신주를 주는 유상증자를 하기로 했잖아. 이때 아무 주식이나 다 받겠다는 게 아니라, 어떤 주식을 받을지 미리 정해 놓는 거야. 파고파광업㈜의 주식만 받겠다고! 동시에 파고파홀딩스㈜가 파고파광업㈜ 주주를 대상으로 공개매수를 선언하는 거야. 파고파광업㈜의 주식을 현금을 주고 사겠다는 것이 아니라, 파고파홀딩스㈜의 신주와 교환하는 조건을 거는 것이지.

즉, 파고파홀딩스㈜의 신규 발행주식과 파고파광업㈜의 주식이 교환되는 것이지. 교환 비율은 별도의 계산이 필요해. 서로 가격이 다른 주식이니까. 그리고 파고파홀딩스㈜에서 공개매수를 공고할 때 최소 20% 이상 지분을 확보할 수 있도록 교환할 주식수를 정하는 거지. 그래야 지주회사 자격을 갖추는 데 모자란 비율을 채워서 지주회사가 될 수 있겠지?

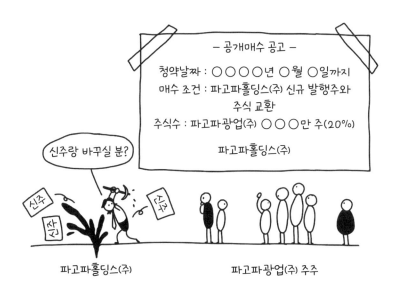

그럼 파고파광업㈜ 주주 중에서 누가 공개매수에 호응하게 될까? 현금으로 보상받을 수도 없는데 말이야. 일반적으로 지주회사보다는 사업을 영위하고 있는 회사의 주식이 선호되거든. 일반 소액주주들은 인적분할 이후 새로 받은 파고파광업㈜ 주식을 그대로 들고 있을 확률이 높아. 아무래도 일반 소액주주들은 파고파홀딩스㈜가 지주회사로 인정받는 일보다는 당장 확실한 사업실적이 있는 회사의 주식을 보유하는 것에 더 관심을 가질 거야.

그래서 일반 소액주주보다는 장씨와 그의 우호지분이 공개매수에 응하게 돼. 지분율이 그대로 복사되어 파고파광업㈜의 대주주가 된 장씨와 그의 우호지분은 파고파광업㈜의 주식을 대량으로 매도한다고 해도 손해 본다는 느낌을 덜 받겠지. 그 대가로 파고파홀딩스㈜의 신주를 받게 되니까. 일반 소액주주도 마찬가지로 보상을 받지만, 지분율로 보면 소숫점 몇째 자리까지 가는지 계산도 어려운 지분을 더 갖는다고 해도 아무 느낌도 받지 못할 거야.

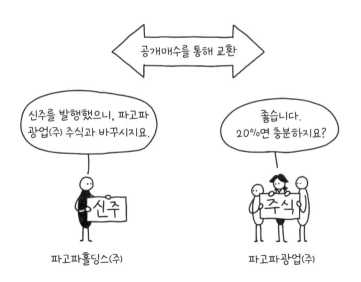

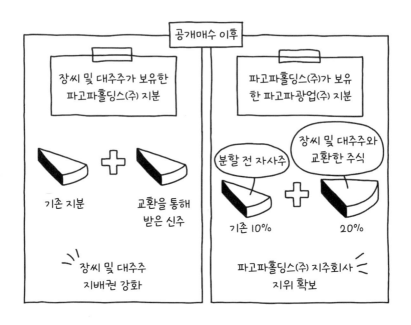

반면 장씨를 비롯한 대주주들의 상황은 다르지. 파고파홀
딩스㈜에 대한 그들의 지분율이 높아지는 만큼 지배권이 강
해지는 것을 분명히 체감할 수 있어.

"아, 정말 복잡하군요. 고민이 많겠어요." 박씨가 허허 웃으며 장씨를 바라봤지. 짧은 시간에 어려운 개념 설명을 들은 박씨의 머리는 지끈거렸어. 하지만 자신이 소유한 회사에 관한 일이니까 귀에 쏙쏙 들어왔어. 장씨만큼은 아니지만 대주주의 입장을 대입해 생각해 보기도 했지. 장씨는 두 주먹을 불끈 쥐며 말했어. "힘들더라도 파고파홀딩스(주)를 출범시켜 더 큰 회사로 키워갈 겁니다." 당장은 복잡하고 어려워 보여도 장씨의 의지는 굳건해 보였어. 지주회사로서 더욱 탄탄해질 회사의 미래에 대해 확신에 차 있었지.

기준주가가
변하는 세 가지 경우

박씨는 부러운 마음을 가지고 다시 나룻배를 타고 강을 건
넜어. 김씨운수㈜ 사무실에 들어서는데, 김씨가 모니터를
바라보며 한숨을 푹 쉬고 있는 거야. 김씨가 투자했던 기업
에 악재가 터졌거든.

자본잠식 해결을 위한 무상감자

휴대전화에 쓰이는 OLED 액정의 소재를 공급하는 주물러소재㈜라는 기업에 김씨가 투자했어. 회사 사정이 많이 어려웠는데, OLED 액정 소재 개발에 이어 배터리 관련 소재 개발 소식이 계속 뉴스에 뜬 걸 김씨가 본 거야. 그동안의 손실을 한꺼번에 만회하고 싶은 마음이 컸던 김씨가 무리수를 둔 거지.

부자가 되고 싶은 꿈이 너무 컸던 탓일까? 아니면 옆에 있는 동료가 투자에 거듭 성공한 것이 이유였을까? 김씨는 '한 방에 대박'을 가져다줄 요행수에 집착했어. 이번에도 소위 작전 세력의 농간에 놀아난 거야. 그들은 회사 실적 전망치를 부풀리고 요즘 유행하는 기술과 회사를 연결시키며 언론 홍보에 열을 올렸지. 주가가 낮은 수준이고 유통 주식수가 얼마 되지 않았기에 작전 세력이 장난치기 좋은 조건을 갖추고 있었지. 실제로 회사는 부분자본잠식 상태였어. 자본총계가 자본금보다 적은 상태를 자본잠식이라고 불러.

작전 세력

자본잠식

이전에 재무상태표를 설명할 때 자본이란 개념을 배운 거기억 나? 자본이란 간단히 말해 회사를 운영하기 위해 쟁여놓은 돈이고, 주주의 몫이야. 자본을 하나의 항아리라고 생각하면 그 안을 채우고 있는 부분을 나눌 수 있겠지. 주식을 발행하면서 액면가×주식수 만큼 쟁여놓은 부분을 자본금이라고 불러. 이 자본금은 회사 설립을 위해 주주로부터 모은 돈 중에서 가장 밑바닥에 깔린 돈이라고 보면 돼.

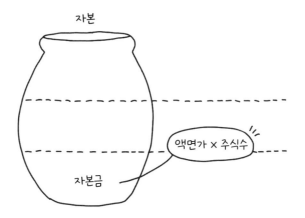

'자본'이라는 항아리에는 자본금 말고 다른 두 개의 공간이 있어. 하나는 자본잉여금인데, 유상증자 등을 통해 투자금을 받을 때 자본금 영역으로 들어간 부분을 제외한 그 나머지를 뜻해. 액면가×주식수 가 자본금이라고 했잖아. 투자금에서 이 자본금으로 잡히는 부분을 뺀 나머지가 자본잉여금이지. 액면가가 5천 원이고, 1만 주 신주 발행의 대가로 5억 원을 투자받았다고 해 보자. 회사로 들어온 돈은 5억 원이라는 사실은 변함이 없는데, 그 5억 원을 자본이라는 항아리에 집어넣으면서 자본금 영역에는 액면가 5천 원에 주식수 1만 주를 곱한 5천만 원만 쌓아놓고 자본잉여금 영역에는 4억5천만 원을 쌓는 거지.

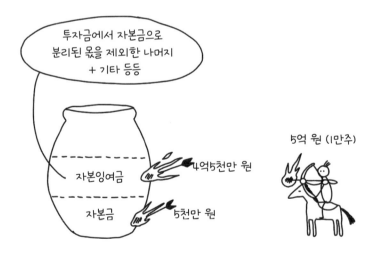

자본이라는 항아리의 마지막 영역은 이익잉여금이야. 한 해 동안 회사를 운영하면서 얻은 당기순이익이 쌓이는 곳이지. 이익잉여금은 매해 당기순이익이 누적되어 만들어져. 1년 동안 회사를 운영하면서 이익이 날 수도 있지만 만약 손실이 발생하면 이익잉여금은 감소하게 돼. 손실 금액이 누적되어 이익잉여금이 마이너스가 될 수도 있겠지. 이때는 이월결손금이라고 불러.

이익잉여금이 계속 쌓인다면 항아리의 크기가 커지겠지? 반대로 적자가 누적된다면 이월결손금이 발생하여 '자본'이라는 항아리의 전체 크기가 줄어들게 될 거야. 1년에 한 번 재무상태표가 만들어질 때마다 이익잉여금이 누적된다면 회사의 자본은 계속 커지게 돼. 하지만 한 번이라도 결손금이 발생한다면 이익잉여금의 크기가 줄어들어. 만약 이익잉여금이 많이 적립된 상태라면 한 번 정도 손실이 난다고 해도 이익잉여금이 곧바로 마이너스가 되진 않겠지. 하지만 손실금이 계속 누적되면 이익잉여금이 마이너스가 되는 상태, 즉 이월결손금이 발생하는 상황을 맞이하게 돼.

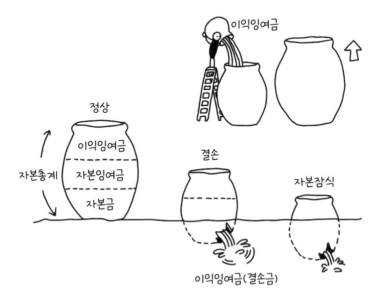

적자가 계속되어 이월결손금 금액이 계속 커진다면, 자본금 영역보다 자본총계가 작아지는 순간도 오겠지. 그게 바로 자본잠식이야. 자본금>자본총계인 상태를 부분자본잠식이라고 부르고, 이월결손금이 너무 커져 자본총계 자체가 마이너스가 되면 완전자본잠식이라고 불러. 자본잠식률은 자본금에서 자본총계를 뺀 금액을 자본금으로 나누어 얻어진 비율(%)로 구해. 정상적인 회사라면 자본총계가 자본금보다 클 것이니 이 수치가 마이너스로 나오겠지. 하지만 자본잠식 상태라면 플러스 수치로 구해질 거야. 자본총계가 마이너스인 완전자본잠식 상태까지 가면 자본잠식률은 100% 이상으로 계산될 테고.

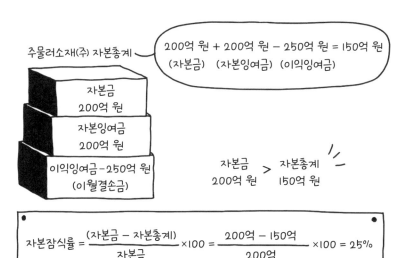

주물러소재(주) 자본총계

200억 원 + 200억 원 – 250억 원 = 150억 원
(자본금)   (자본잉여금) (이익잉여금)

자본금
200억 원

자본잉여금
200억 원

이익잉여금 –250억 원
(이월결손금)

자본금   자본총계
200억 원 > 150억 원

자본잠식률 = $\dfrac{(자본금 - 자본총계)}{자본금} \times 100 = \dfrac{200억 - 150억}{200억} \times 100 = 25\%$

자본잠식에서 벗어나려면 세 가지 방법이 있지.

첫째는 당기순이익을 많이 내면 되는 거야. 이전 그림에서 보듯이 전년까지 이월결손금이 −250억 원으로 누적되었는데, 이번 해에 100억 원의 당기순이익을 낸다면 상황이 달라지지. 이월결손금이 −150억 원으로 줄어들게 되어서 자본잠식률을 플러스로 만들 수 있지. 하지만 지금까지 회사 사정이 계속 힘들었는데 올해 당장 적자를 탈출하는 것을 넘어 당기순이익을 100억 원이나 올릴 수 있을까?

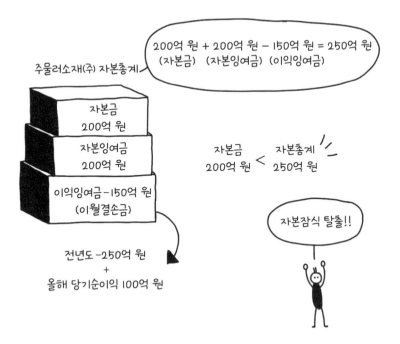

두 번째로 가능한 시나리오는 유상증자야. 대규모 결손금을 덮으려면 유상증자 규모를 키우고 신주 발행가격이 액면가보다 크게 높아야겠지. 그래야 이월결손금의 마이너스를 덮어줄 테니까. 하지만 운 좋게 유상증자에 참여할 구세주를 만난다고 해도 현재 주물러소재㈜의 주가가 낮아서 신주발행가격을 무작정 높일 수가 없지. 그렇다고 무리하게 많은 양의 신주를 발행하여 증자한다면 경영권이 넘어가게 될지 몰라. 그래서 이것도 현실성이 떨어져.

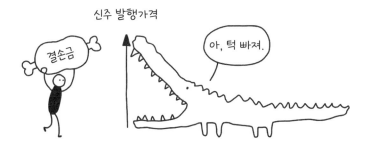

그나마 현실성이 있는 방법이 무상감자야. 앞서 살펴본 주물러소재㈜의 자본총계 구성을 생각해 봐. 자본금 200억 원에 이익잉여금(결손금) −250억 원이 있어서 자본잉여금 200억 원이 있어도 자본총계가 150억 원이었잖아. 자본금이 자본총계보다 많은 상황이었지. 그런데, 자본금이 줄어든다면? 억지로라도 자본총계가 자본금보다 많아지는 상황을 만들 수 있겠지. 감자란 자본금이 줄어드는 것을 말해. 주주에게 주는 보상 없이 자본금을 줄이는 것을 무상감자라고 하는데, 주로 주식수를 일정 비율로 줄이는 방법으로 하지.

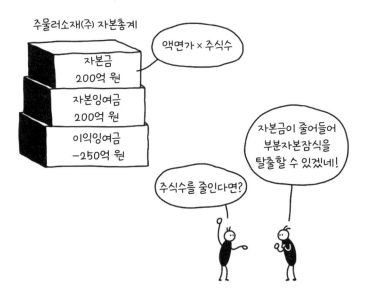

만약 주식수를 80%로 줄인다면, 즉 5주를 1주로 합치는 처리를 한다고 해 보자. 주식수는 1/5이 될 것이고 자본금도 200억×1/5=40억 원이 되는 거지. 당연히 이런 처리는 주주총회를 통해 동의를 얻어야 해. 주주 입장에서는 아무런 보상 없이 앉아서 주식수가 줄어드는 셈이니까. 자본금에서 160억 원이 줄어든 만큼 그대로 자본잉여금이 늘어나. 물론 자본총계에는 아무런 변화가 없겠지.

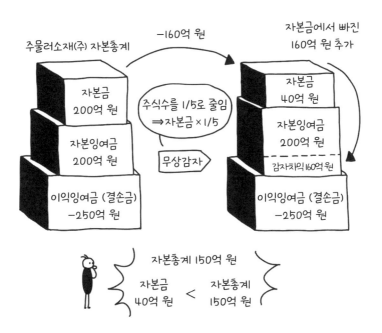

자본총계는 150억 원으로 변화가 없지만, 자본금이 40억 원으로 줄어서 부분자본잠식 상태를 벗어났어. 무상감자를 통해 자본금에서 차감된 160억 원이 자본잉여금에 얹어지는데, 이는 감자차익이라고 불러. 윗돌 빼서 아랫돌 괸다는 표현이 딱 어울리는 상황이지. 실제로는 회사의 자금 사정에 아무런 도움이 되지 않지만, 단지 자본잠식 상태를 탈출하려는 목적만 달성한 거야.

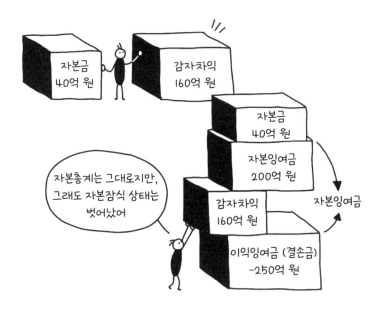

무상감자의 마지막 처리는 자본잉여금으로 추가된 감자차익 160억 원을 이월결손금과 합치는 것이야. 무상감자 실시 이전 결손금이 −250억 원이었는데, 감자차익 160억 원을 더해서 −90억 원으로 줄어들게 되지. 아직 결손금을 완전히 털어내지는 못했지만, 결손금 규모도 줄이고 자본잠식도 탈출한 성과는 있는 거야.

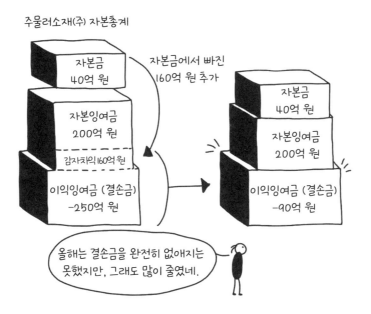

주물러소재(주) 자본총계

자본금
40억 원

자본금에서 빠진
160억 원 추가

자본잉여금
200억 원

감자차익160억원

이익잉여금 (결손금)
−250억 원

자본금
40억 원

자본잉여금
200억 원

이익잉여금 (결손금)
−90억 원

올해는 결손금을 완전히 없애지는
못했지만, 그래도 많이 줄였네.

주물러소재㈜ 주주들은 난리가 났지. 그동안 예상 실적을 부풀리고 허황된 꿈을 심어준 것에 대해서도 분노했지만, 도대체 이런 회계 처리가 무슨 의미냐는 불만이 컸어. 어차피 무상감자를 한다고 해도 자본총계는 그대로이고 회사의 자금 사정은 나아지지 않는데, 이렇게 자본금을 줄일 필요가 무엇이냐는 거야. 앉아서 내 주식만 빼앗기게 된 셈이니까 억울한 마음도 생겼지. 김씨와 같이 대부분의 주주들은 일확천금의 꿈을 안고 투자했어. 작전 세력이 포장한 실적 전망치가 회사에 장밋빛 미래를 보장해 주는 줄만 알았지 이전까지 누적되었던 이월결손금에 대해서는 주의를 기울이지 않았던 거야.

회사 입장도 난처하지. 그동안 큰소리만 떵떵 쳤지만, 실속은 없는 상태로 적자가 누적되어 왔으니까. 주주들의 성난 목소리를 듣고 비난의 화살을 맞는 것은 힘에 겨웠어. 보는 눈이 없다면 대충 덮어두고 넘어가고 싶은 마음도 있지. 그래도 이번 기회에 결손금을 조금이라도 덜어낸다면 훗날을 도모할 수 있을 거라는 작은 희망을 가질 수 있지 않을까? 완전자본잠식 상태까지 가기 전에 할 수 있는 마지막 발악을 해보는 거지.

한국거래소 입장에서는 관리하고 감독할 책임이 있어. 상장을 위한 심사를 한국거래소가 맡은 것처럼 상장사가 그 자격을 유지하는지 관리하는 것도 한국거래소의 책임이야. 자본잠식률이 50%가 넘으면 관리종목으로 지정이 되거든. 일종의 옐로카드야. 2년 연속 50%가 넘으면 상장 폐지로 가는 거지. 레드카드, 퇴장이야. 이렇게 관리를 해 줘야 선량한 투자자들을 보호할 수 있겠지. 김씨 같은 피해자가 더 나와서는 안 되잖아.

투자자 보호를 위해 경고!

한국거래소   투자자

결국 주물러소재(주)는 무상감자를 통해 자본잠식 상태에서 탈출하기로 결정했어. 사실상 남은 선택지가 없었지. 자본 잠식률이 50%가 넘으면 관리종목으로 지정되기 때문에 그 전에 손을 써야만 했어. 무상감자 결정은 주주총회의 결의가 필요해. 주식 가치 하락을 우려한 일부 주주들의 반발도 있었지만, 자본잠식 상태를 탈출할 방법이 따로 없었기 때문에 무상감자 실시가 의결되었어. 여전히 화를 내는 주주들이 있었으나 소수였고, 대부분은 자포자기의 심정으로 무상감자 소식을 받아들였지.

주물러소재(주)

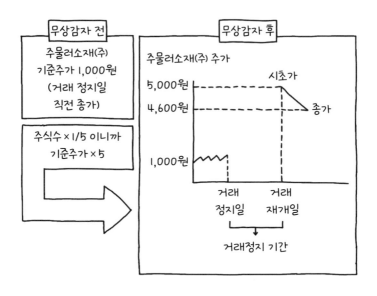

무상감자를 실시하게 되면 한동안 거래 정지 기간을 가져. 그다음 거래가 재개될 때는 기준 가격이 변하게 돼. 주물러 소재㈜의 경우 인위적으로 주식수를 1/5로 줄였으니, 주당 가치는 5배가 되는 게 맞잖아. 거래 정지 직전의 가격을 기준주가로 하고, 거래가 재개되는 날의 시초가는 그 가격의 5배로 시작하는 거지. 이건 실제 주식 가치가 변한 게 아니라, 일종의 착시 현상일 뿐이야. 회사의 미래가 어둡다고 판단한 주주들이 많아서 보통 주가는 다시 내려가기 마련 이거든.

주주에게 이익을 나눠 주는 무상증자

기준주가가 바뀌는 경우가 또 있어. 다시 파고파㈜로부터 소식이 들려왔는데, 기업 분할과 지주회사 설립 이전에 먼저 무상증자를 하기로 했다고 해.

무상증자란 기존 주주를 대상으로 무상으로 신주를 발행해 주는 것이야. 기업이 공짜로 주식을 나눠 주는 것은 주주에게 이익을 나눠 주기 위함이지. 파고파㈜는 구주 1주당 신주 0.2주의 비율로 20% 무상증자를 하기로 했어. 만약 어떤 주주가 5주를 가지고 있다면 무상증자 이후에는 1주를 더 받아서 총 6주를 보유하게 되는 것이지.

무상증자를 실시하기 전보다 1.2배만큼 주식수가 늘어난 거야. 증자란 자본금이 늘어난 거라고 했잖아. 액면가는 그 대로이고, 주식수만 1.2배로 늘어났으니 자본금만 1.2배 증가한 거야. 이런 증가분은 어디에서 온 걸까? 바로 자본잉여금에서 옮겨가는 거야. 외부에서 자본금이 새로 들어오는 것이 아니라, 자본잉여금의 일정 부분을 떼내어 자본금 계정으로 옮기는 것이지. 외부로부터 돈이 새로 들어온 것이 아니라서 자본총계는 변하지 않아. 자본을 이루고 있는 요소 중에서 자리바꿈만 있을 뿐이지.

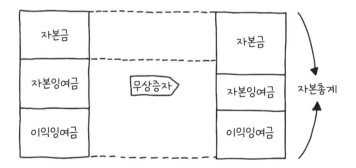

무상증자는 자본을 이루고 있는 구성만 다르게 했을 뿐 실제 외부에서는 아무런 자금 유입이 없는 거잖아. 그래서 이론적으로 무상증자 그 자체는 기업가치에 아무런 변화를 주지 않아. 그럼에도 왜 기업은 무상증자를 하려는 걸까? 회사의 재무구조가 튼튼하다는 사실을 보여줌으로써 회사 이미지가 좋아져. 주주들에게 공짜로 주식을 나눠 주면서 보상을 해 준다는 의미도 있지. 또, 발행주식수를 늘려 주기 때문에 주식거래를 더 활성화시키는 효과가 있어.

기준주가는 어떻게 변할까? 무상증자는 자본이라는 항아리의 크기를 변화시키는 것이 아니야. 그 자체로 기업 가치에 변화를 주는 것은 아니지. 따라서 시가총액이 동일하다는 점을 생각해 보면 1.2배로 주식수가 늘어날 때, 주가는 ×1/1.2 을 해야 맞겠지. 파고파㈜가 무상증자를 실시하기 직전의 기준주가는 48만 원이었고 시가총액은 2조 4천억 원이었어. 무상증자 실시로 총발행주식수가 500만 주에서 600만 주로 1.2배 늘었으니, 무상증자가 실시된 날 시초가는 40만 원으로 출발했지.

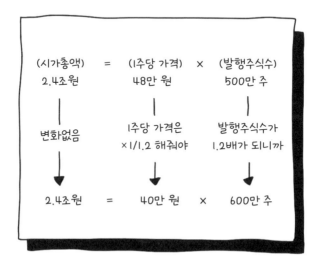

박씨의 경우를 볼까? 무상증자 이전에는 6만 주를 갖고 있었는데, 무상증자 실시로 주당 가격이 40만 원으로 조정되었지만, 주식수는 7만 2천 주가 되었지. 무상증자 이후 장이 열리는 시점에 박씨가 보유한 주식의 평가 가치는 무상증자 이전과 똑같았어. 운 좋게도 무상증자 실시 이후 첫날 시초가 40만 원으로 출발한 주가는 종가 42만 원으로 마무리되었어. 일반적으로 재무 상태가 우량한 기업이 무상증자를 실시할 수 있기 때문에 주식 시장에서 선호되기 마련이지. 박씨 입장에서는 하루 만에 앉아서 14억 4천만 원을 벌게 된 셈이야.

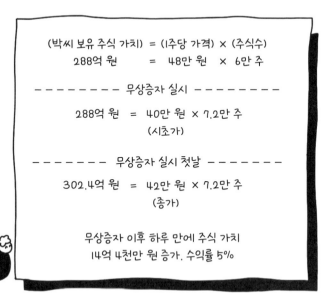

(박씨 보유 주식 가치) = (1주당 가격) × (주식수)
288억 원   =   48만 원 × 6만 주

— — — — — — — 무상증자 실시 — — — — — — —

288억 원   =   40만 원 × 7.2만 주
                  (시초가)

— — — — — — — 무상증자 실시 첫날 — — — — — — —

302.4억 원   =   42만 원 × 7.2만 주
                  (종가)

무상증자 이후 하루 만에 주식 가치
14억 4천만 원 증가. 수익률 5%

주식수를 늘리는 액면분할

파고파㈜ 회사 전체의 발행주식수도 무상증자 이전 500만
주에서 무상증자 실시 이후 600만 주가 되었지. 그런데, 한
가지 문제가 있어. 회사가 빠르게 성장하면서 주가가 폭등
한 것은 좋은데, 1주당 가격이 높아서 거래가 활성화되지
않는다는 문제가 있었지.

그래서 파고파㈜는 액면분할을 실시하기로 했어. 현재 파고파㈜ 주식의 액면가는 5,000원이거든. 그걸 1/10인 500원으로 변경하는 거야. 외부로부터 들어오는 돈이 없으므로 자본금은 그대로야. 그러면 주식수는 10배가 늘어나야 되겠지? 총 발행주식수는 6,000만 주가 되는 거야.

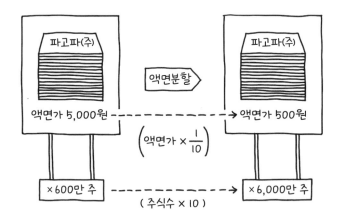

여기서 한 가지 주의할 점이 있어. 액면분할을 실시한다고 해서 자본금은 늘어나지도 줄어들지도 않아. 그대로야. 그래서 증자나 감자와는 다르지. 단순히 액면가를 분할하여 그만큼 주식수가 늘어나는 효과만 있는 거야. 주가는 어떻게 변할까? 당연히 액면분할 실시 이전 가격을 10으로 나눠야겠지. 액면분할 실시 이전 주가가 42만 원이었는데, 액면분할 이후에는 42,000원이 되는 거야. 그래도 주주에겐 아무런 손해가 가지 않아. 주식수가 열 배로 늘어나니까 주주가 보유한 주식의 가치는 그대로 유지되지.

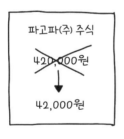

지주회사
파고파홀딩스㈜ 출범

파고파㈜는 무상증자에 이어 액면분할까지 하고 지주회사 설립을 위해 본격적으로 나아갔어. 먼저 새소재화학㈜의 CB를 주식으로 바꿀 수 있는 시점에 주식으로 전환하여 받았어. 현금으로 원금과 이자를 받는 것을 포기한 거지.

지주회사 설립을 위한 마지막 고민

음극재 양산에 성공했기 때문에 새소재화학㈜의 기업가치
가 올라서 액면가로 주식을 받는 것이 훨씬 이득이었지. 이
후에 추가로 지분 인수를 해서 자회사로 편입시켰고, 회사
이름도 파고파소재㈜로 바꾸었어.

㈜밀어알루미늄도 의무보호예수 기간이 지나니까 사모펀드 A와 B 모두 먼저 파고파㈜에게 제안했어. 자기들이 가진 지분을 인수할 의향이 있냐고. 장씨가 ㈜밀어알루미늄 대표이사를 겸직하고 있지만, 파고파㈜가 가진 지분이 30%밖에 되지 않아 불안한 면도 있었지. 각각 5%씩 가진 두 사모펀드의 지분을 모두 인수하여 파고파㈜가 40% 지분을 보유하게 되었어. 게다가 장씨 및 우호지분 5%도 있었으니 ㈜밀어알루미늄에 대한 파고파㈜의 지배력은 더욱 강해졌지. 이참에 사명도 파고파알루미늄㈜로 변경했어.

파고파(주)   장씨 및 우호지분

지주회사를 설립하기 위한 다음 단계는 광산업을 분리하는 일이야. 앞서 살펴봤듯이 인적분할과 물적분할 두 가지 방법이 있어. 장씨가 두 가지 선택지에 대한 대비를 모두 미리 해놓았기 때문에 파고파㈜ 입장에서는 자신에게 가장 유리한 선택을 하면 되는 거야. 여기서 근원적인 질문이 하나 있지. 과연 파고파㈜는 누구일까? 파고파㈜는 누구의 것일까?

파고파㈜

당연히 이사회 의장이자 대표이사인 장씨 개인과 파고파㈜는 달라. 파고파㈜가 출범한 순간부터 회사의 주인은 초창기 주주 20인이었고, IPO를 거치면서 주인의 수가 늘어났지. 물론 지분율에 따라 지배권이 결정돼. 장씨의 지분율도 아주 높지는 않아. 처음 회사를 설립할 때 30% 지분을 갖고 있었고, IPO 직후에 12%로 떨어졌지. 이후로 조금씩 지분을 사 모은 결과 지금은 15% 정도야. 장씨를 제외한 초창기 주주 19인(28%)이 똘똘 뭉쳐 장씨를 지지하고 있고, 자사주 10%가 있어서 그나마 지배권을 인정받을 수 있는 수준이지. 장씨(15%)와 그의 우호지분(28%)과 자사주(10%)의 지분율을 모두 더하면 53%야.

나머지 47%는 소액주주라 불릴 수 있어. 인원수만 따지면 개인투자자가 다수를 차지하지만, 1% 지분을 가진 기관투자자도 있어. 자사주 10%가 의결권이 없다는 점을 고려하면 장씨를 포함한 초창기 주주 20인이 모두 모여도 의결권의 48%만 가질 수 있고, 나머지 52%의 의결권이 소액주주의 몫이지. 숫자만 보면 의결권을 가진 지분율은 소액주주측이 더 높아. 문제는 소액주주들이 뭉칠 수 있는가 하는 점이야.

장씨를 포함한 초창기 주주 20인은 한배에 탔고, 지배주주라 불릴 만하지. 그동안 굵직한 결정은 장씨의 뜻대로 이뤄졌어. 장씨에 대한 그들의 전적인 신뢰 덕분에 가능한 일이었지. 나머지 소액주주들은 뭉쳐 있지 않지만 그렇다고 그들의 이익이 무시되어서는 안 돼. 그들에게도 주인으로서 몫이 충분히 주어져야 하겠지. 문제는 지배주주와 소액주주 사이에 이해관계가 대립하는 경우가 종종 생긴다는 점이야. 회사 분할에 관한 문제 역시 마찬가지지.

먼저 인적분할하는 경우를 살펴볼게. 파고파㈜에서 광산업만 떼어 파고파광업㈜를 인적분할로 설립하는 경우 파고파㈜의 기존 주주는 자신의 지분율대로 신설회사인 파고파광업㈜의 주식을 받을 수 있지. 파고파㈜의 소액주주 입장에서는 금광 사업을 하는 신설회사에 더 매력을 느끼게 될 텐데, 새로운 회사의 주식 역시 받을 수 있으니 큰 불만은 없지. 분할을 해도 내가 가진 몫은 그대로 유지된다고 느낄 거야.

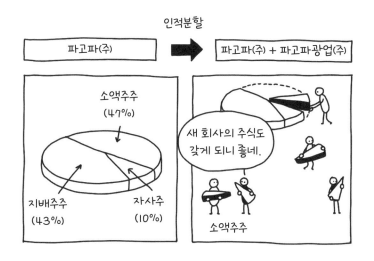

지배주주 입장에서는 걱정할 일이 많아져. 파고파㈜에 대한 장씨의 지분율이 그리 높지 않은 편이라 경영권이 불안정한 상황인데 지주회사로 나아가는 데 부족한 점이 있지. 이런 상황에서 인적분할을 택한다면, 지배주주의 지분율이 낮은 약점이 더 부각이 될 거야. 게다가 인적분할 직후에는 파고파㈜가 파고파광업㈜를 원래 자사주 몫이었던 10%만 지배할 수 있어. 이래서는 파고파㈜가 지주회사가 될 수 없겠지.

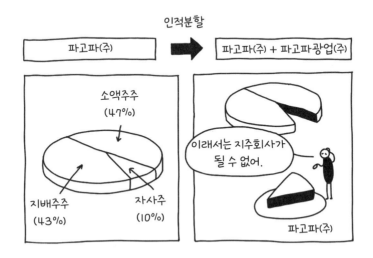

그래서 파고파광업(주)의 주주를 대상으로 공개매수까지 해야 해. 그런데 그만한 현금이 바로 마련되기는 힘들겠지? 파고파(주)에서 유상증자를 해서 현금 대신 파고파(주)의 신주를 대가로 주고 파고파광업(주)의 주식과 교환을 해야 하지. 소액주주는 아무래도 금광 사업을 하는 파고파광업(주)의 주식을 들고 있으려고 할 거고, 주로 지배주주들이 공개매수에 응하게 될 거야.

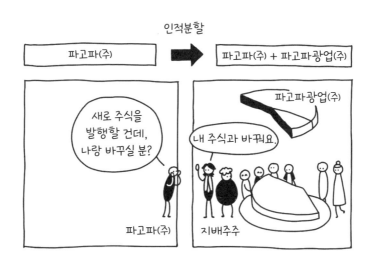

그런데 그 과정이 너무 복잡하고 시간도 오래 걸리지. 그리고 파고파㈜의 신주를 어떤 조건으로 얼마만큼 유상증자를 하고 공개매수를 진행해야 할지 결정하는 것도 쉬운 일이 아니야. 지배주주들이 모두 파고파광업㈜의 지분을 교환한다고 해도 지주회사는 파고파광업㈜에 대해 겨우 과반을 넘는 수준의 지분만 확보할 수 있을 거야. 지주회사 설립 요건은 충족하지만, 주력 자회사에 대한 지배권을 유지하는 데 부족한 편이긴 하지. 게다가 지배주주들도 사업회사인 파고파광업㈜의 지분을 완전히 포기하고 싶지는 않을 거야.

다음으로 파고파㈜에서 광산업을 떼내어 물적분할을 통해 파고파광업㈜를 설립하는 경우를 살펴볼게. 물적분할을 하게 되면 파고파㈜가 금광 사업을 하는 자회사인 파고파광업㈜의 지분 100%를 갖게 돼. 기존 파고파㈜의 주주들은 원래 갖고 있던 파고파㈜ 주식만 소유하게 되고, 파고파광업㈜의 주식은 단 한 주도 가질 수 없지. 소액주주 입장에서는 광산업이라는 알짜배기 사업을 하는 자회사의 주식을 한 주도 갖지 못한다는 사실에 상실감을 느낄 만해.

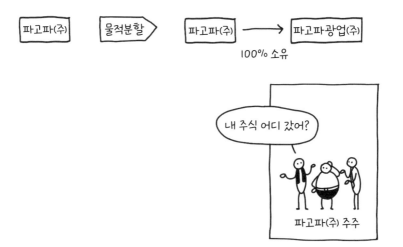

물적분할로 생긴 자회사의 주식을 하나도 갖지 못한다는 점에서 지배주주나 소액주주나 처지는 다르지 않아. 그런데 소액주주로서 주식을 소유한다는 것의 가장 큰 의미는 무엇일까? 보통 주식을 매도할 때 얻는 시세차익이 가장 크게 느껴질 거야. 하지만 주주의 손에 쥐어져 있는 것은 모회사의 주식이잖아. 꾸준히 현금을 벌어다주는 알짜배기 자회사의 주식을 팔아서 소득을 얻을 기회가 원천적으로 차단된 것이지. 상대적으로 지배주주는 주식을 처분하기보다는 계속 보유해서 자신의 지배력을 유지하려는 경향이 있어. 지배주주 역시 직접 자회사 주식을 갖지 못하는 점은 같지만, 모회사를 통해 간접적으로 지배력을 유지할 수 있다는 점에 만족할 거야.

주주로서 재산권을 누릴 수 있는 권리인 배당에 관해서는 어떨까? 물적분할 전과 후 상황에서 금광 사업의 실적이 똑같고 같은 배당성향을 유지한다고 가정해 볼게. 모회사 주주에게는 자회사의 순이익으로부터 직접 배당을 받는 것이 아니기 때문에 더 적은 배당금이 돌아가게 되겠지. 상대적으로 지배주주는 당장 배당을 받는 것보다 재투자하여 기업가치를 올리는 것을 더 중시하는 경향이 있어. 소액주주 입장에서는 기대되는 배당수익이 줄어들 가능성에 대해 더 불만을 가질 가능성이 높아.

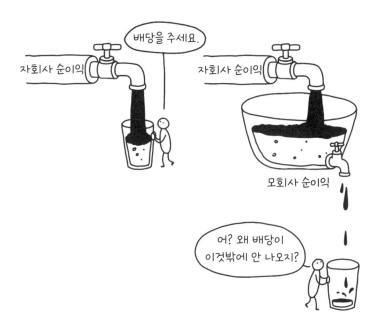

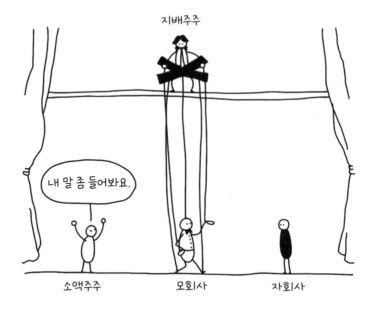

파고파광업㈜의 주요 의사 결정에 있어서도 소액주주는 간접적으로만 영향력을 행사할 수 있어. 물적분할이 이뤄지면 모회사가 자회사를 100% 지배하게 되고, 모회사의 주주가 자회사의 의사 결정에 직접적으로 영향을 줄 수 있는 기회가 없어. 모회사를 통해 간접적으로만 의사 결정에 참여할 수 있는 것이지. 지배주주 입장에서는 모회사에 대한 지배력이 유지되는 상황에서 모회사가 자회사를 100% 지배하고 있기 때문에 영향력 감소를 덜 느끼게 되지.

지배주주   소액주주

회사를 분할할 때 어떤 방법이 지배주주에게 유리하다거나 소액주주에게 유리하다고 단정적으로 말할 수는 없어. 분할의 목적과 분할하는 사업의 성격에 따라 유불리는 다르게 판단될 거야. 단기적으로는 자신에게 어떤 이익이 돌아올지에 대해 소액주주들이 더 민감하게 반응할 수밖에 없겠지. 그리고, 지배주주와 소액주주의 이해관계가 항상 대립적이라고 가정해서는 안 돼. 회사의 성장을 통해 함께 나눌 파이의 크기를 키우는 방법을 찾는 것이 가장 중요하지.

장씨를 비롯한 파고파㈜의 이사진은 가장 효율적으로 지주
회사를 키우는 방법이 무엇일까 깊이 고민했어. 물적분할
을 택한다면 파고파㈜가 파고파광업㈜를 100% 지배할 수
있고, 지주회사 설립 요건을 맞추기 위한 복잡한 단계를 생
략해도 된다는 점이 가장 큰 매력이었어. 그렇지만 소액주
주들의 반발 역시 걱정을 하지 않을 수 없었지. 좋은 지주회
사로 발전하기 위해서는 시장에서 좋은 평판을 얻는 것에
도 신경을 써야 한다고 생각했어. 장씨는 소액주주를 배려
하는 것도 잊지 않을 것이라 약속했고, 당장은 빠르게 지주
회사 형태를 갖추고 공격적인 투자를 하기 위해 물적분할을
선택했지.

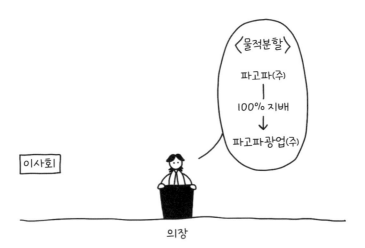

예상대로 일부 소액주주들의 반발이 있었어. 하지만 장씨의 진정성과 그동안 장씨의 성과를 믿고 지켜보자는 여론이 소액주주 사이에서 퍼지면서 주주총회에서 무난히 물적분할 안건이 통과되었어. 파고파㈜와 파고파광업㈜으로 회사가 분할되었지. 이미 파고파 이름이 들어간 사명으로 바꾼 파고파소재㈜와 파고파알루미늄㈜가 파고파㈜의 자회사로 남아 있었어. 그리고 원래 계획했던 대로 파고파㈜에서 파고파홀딩스㈜로 사명을 바꾸면서 지주회사 전환 신고까지 마쳤지.

지주사 할인: 왜 이런 평가를 받아야 하지?

이제 본격적으로 지주회사로 출범하는 파고파홀딩스㈜는 직접 자기 사업을 하지 않고, 자회사로부터 배당을 받거나 브랜드 사용료를 받는 것을 주요 수입원으로 하는 순수지주회사야. 그리고 파고파홀딩스㈜의 기업가치는 각 자회사의 기업가치에 지분율을 곱한 값을 더하여 평가되는 게 맞아.

장씨의 꿈은 점점 커져 갔어. 장씨는 지주회사인 파고파홀딩스㈜의 대주주로서 자회사까지 지배권을 갖게 됐지. 지주회사가 출범할 무렵부터 장씨는 돈에 대한 관념이 변하기 시작해. 조 단위의 자산가라 하더라도 그 돈을 다 쓸 수는 없잖아. 쓰는 돈의 개념은 점점 중요하지 않고, 갖고 있는 자산이 증식하는 것 그 자체에 더 신경을 쓰게 됐어. 일종의 게임 머니처럼 느껴지기도 하고, 쓰는 돈에 관심을 갖기보다는 자산 규모를 키우는 것 자체에 욕심을 냈어.

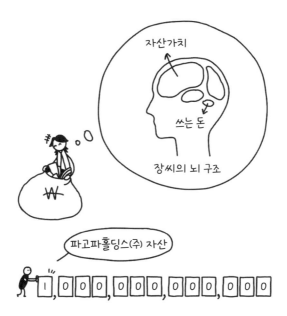

자산가치

쓰는 돈

장씨의 뇌 구조

파고파홀딩스(주) 자산

1,000,000,000,000,000

파고파홀딩스(㈜)라는 지주회사는 기존의 파고파(㈜)가 이름을 바꾼 것이고, 주주는 과거 파고파(㈜)의 주주 그대로이지. 주식시장에서 종목코드는 그대로 유지하고 지주회사로 분류되었을 뿐이야. 파고파광업(㈜)가 따로 떨어져 나갔지만 100% 지배하고 있는 상황이지. 장씨는 파고파홀딩스(㈜)의 시가총액은 각 자회사의 순자산가치에 지주회사의 지분율을 곱한 값을 합산한 수준으로 평가받는 것이 맞다고 생각했어.

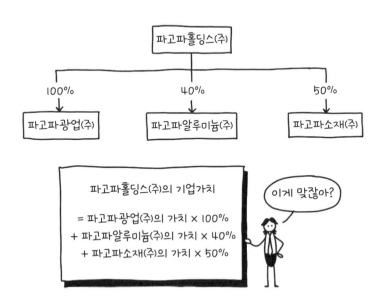

그런데 주식시장에서 파고파홀딩스㈜의 주가는 그에 미치지 못했어. 일반 주주들은 지주회사 형태에 대해 막연한 두려움을 갖고 있었던 거야. 원래 장씨가 옳다고 생각했던 계산법에 따른 주가 수준의 75%밖에 이르지 못했지. 다른 말로 하면 순자산가치 대비 할인율이 25% 적용되었다고 할 수 있겠어.

파고파홀딩스㈜의 주가

그런데 75% 밖에 안 돼?

파고파광업(주)의 가치 × 100%
+
파고파알루미늄(주)의 가치 × 40%
+
파고파소재(주)의 가치 × 50%

파고파홀딩스㈜ 주주

앞서 얘기했듯이 이 무렵 장씨는 자신이 쓸 돈보다는 회사의 자산가치를 증식하는 것에만 관심을 갖고 있었지. 지주회사 형태를 갖추고 앞으로 더욱 공격적으로 회사를 인수하고 싶었던 거야. 그의 생각대로라면 이 같은 비전을 보고 투자자들이 파고파홀딩스㈜ 주식을 가지려고 하고 주가가 올라가야 하는데 말이야. 하지만 주식시장에서 파고파홀딩스㈜는 그다지 관심을 받지 못했어.

오히려 장씨의 바람과는 반대로 시장이 반응한 거야. 소액주주들의 관심과 장씨와 같은 지배주주의 관심이 서로 다른 거지. 소액주주들은 당장 자신이 쓸 돈이 중요하니까 언제라도 현금화할 수 있는 자산의 가치가 어떻게 변하는지가 중요해. 지주회사 출범 전에도 파고파㈜는 다른 자회사의 지분을 소유하고 있었고 그 가치는 이미 주가에 반영되었어. 지주회사의 소액주주 입장에서는 현금을 벌어다 주는 금광 회사의 지분을 직접 소유하는 것이 아니라, 지주회사를 거쳐 간접적으로 소유하게 되는 셈이니 불안한 마음도 생겼지.

소액주주들의 불안감은 단순히 심리적인 문제가 아니야. 배당 문제를 생각해 봐. 지주회사 출범 이전에는 파고파㈜로부터 직접 배당을 받았지. 그런데, 지주회사가 생기는 바람에 한 단계를 더 거쳐서 배당을 받게 되었잖아. 광산업을 통해 같은 순이익을 올린다면, 소액주주 입장에서는 배당성향을 더 높여 줘야 지주회사 출범 이후에도 같은 배당금을 받을 수 있는 거야.

주식시장의 반응에 실망하고 있는 장씨에게 경제 전문가 임씨가 다가와 위로를 해 줬어. "지주사 할인은 당연한 거예요." 지주회사의 주가가 보유하고 있는 자회사의 순자산가치에 비해 낮게 평가되는 것은 당연하다는 말이야. 최근 주식시장에서는 그 경향이 더 심해져서 할인율이 50%가 넘어가는 것이 비일비재하다는 거야. 파고파홀딩스㈜는 할인율이 25% 수준밖에 되지 않으니 양호한 편이라는 것이지.

지주사 할인율이 50%가 넘는 경우도 많아요.

장씨는 그 논리를 받아들일 수 없었지. 지주회사가 자회사에 대해 지배권을 갖고 있기 때문에 그 가치를 더 높이 쳐줘야 하는 게 맞다고 생각하는데, 할인이라니. 실망한 장씨에게 임씨는 차분하게 대답해 줬어. "당신과 같은 지배주주에겐 자회사에 대한 지배권이 중요할지 몰라도 소액주주들은 어차피 그 혜택을 온전히 누릴 수 없으니 관심 대상이 아니에요."

그리고, 또 하나 잠재적인 문제가 있어. 이른바 더블 카운 팅의 문제야. 물적분할 후 신설 자회사인 파고파광업㈜는 현재 비상장회사이고, 파고파홀딩스㈜가 100% 지배하고 있지. 그런데 만약 파고파광업㈜가 상장을 하게 되면 파고 파광업㈜의 기업가치가 파고파홀딩스㈜와 파고파광업㈜ 양쪽에서 중복 평가된다는 것이야. 그래서 파고파홀딩스㈜ 의 주가는 더욱 할인되어야 마땅하다는 논리야.

장씨로서는 더욱 받아들일 수 없는 논리였어. 물적분할을 택한 것은 빠른 시일 내에 분할을 마무리 짓고 지주회사를 출범하려는 목적 때문이었지 자회사를 다시 상장할 계획은 없었거든. 아직 실행하지도 않은 자회사 상장을 두고 미리 할인이 반영된다는 논리는 납득하기 어려웠어. 경제전문가 임씨가 이렇게 말했지. "만약 자회사인 파고파광업㈜를 상장한다면 다른 지주회사처럼 할인율이 50%를 넘을지도 몰라요. 시장은 이 문제에 민감하거든요."

임씨의 설명을 듣고 나서 장씨는 더욱 머리가 복잡해졌지만 별 수 없었어. 시장의 논리를 혼자 힘으로 거스를 수 없다는 생각이 들었지. 시장에서는 파고파홀딩스㈜와 같은 순수지주회사의 인기가 점점 떨어지고 할인율이 60%가 넘는 경우도 나오기도 했어. 파고파광업㈜를 비상장회사로 유지하고 있는 덕분인지 파고파홀딩스㈜의 할인율은 20~30% 수준을 유지했어. 모든 자회사의 실적이 점점 좋아지고 있는데, 지주회사의 주가가 같이 따라가 주지 못하니 장씨는 답답했지.

파고파홀딩스㈜ 주가

자회사는 모두 잘 나가는데, 지주회사 주가는 왜 오르지 않지?

파고파홀딩스㈜

파고파광업㈜　　　파고파소재㈜　　　파고파알루미늄㈜

지주사 할인과 더블 카운팅

① 지주사 할인

지주사 할인은 지주회사가 통상의 사업회사보다 투자자들로부터 저평가받는 현상을 뜻하는 개념으로, 국내 주식시장에서만 발생하는 특유의 현상이라는 주장이 지배적이다.

주식시장에서 지주사의 기업가치를 계산할 때 대체로 '가치합산법'을 사용한다. 각 지주사가 영위하는 별도의 사업이 있다면 해당 사업 부문의 가치를 산정하고, 보유 부동산 임대수익 혹은 브랜드 사용료에 얻어지는 현금흐름을 산출하여 합산한 뒤, 보유 자회사들의 지분 가치를 합산하여 기업가치를 구한다.

국내 지주회사의 경우 이렇게 구한 기업가치보다 주가가 낮게 형성되는 것이 일반적이며, 대부분의 애널리스트들이 지주회사에게 가치합산법으로 산출한 기업가치에 30~50%의 할인율을 적용하여 적정주가를 도출한다.

② 더블 카운팅

더블 카운팅은 말 그대로 중복 계산을 의미한다.

즉, 영업가치를 지닌 사업체는 하나인데 두 곳의 상장사에서 동시에 가치가 매겨지는 상황을 설명하는 개념이다.

예를 들어, 지주회사와 자회사가 동시에 상장하면, 자회사의 매출 및 이익이 지주회사의 연결 매출과 이익으로 잡히는 상황이라서 두 번 가치 평가를 받게 된다는 의미이다. 사업을 영위하는 자회사의 가치가 이미 반영되었으므로 지주회사의 가치는 할인을 적용해야 한다는 논리를 뒷받침하는 설명으로 쓰인다.

③ 해외 사례와 차이

해외에서는 모회사와 자회사의 동시 상장 사례를 찾아보기 힘들다. 예를 들어 구글은 2015년 '알파벳'이라는 지주회사를 설립하고 구글, 유튜브 등의 자회사를 지주회사 아래 두었다. 알파벳의 자회사는 모두 비상장회사이다. 비상장회사인 자회사의 기업가치는 모두 유일한 상장사인 지주회사의 가치에 반영된다.

더블 카운팅으로 인한 지주사 할인이 정당하다고 주장하는 사람들은 이와 같은 사례를 자신의 주장을 뒷받침하는 논거로 활용한다.

더 높이 날기 위하여

1년 넘게 이런 상태를 유지하다가 큰 변화가 생겼어. 파고 파광업㈜가 금광 개발을 위해 보유하고 있던 땅에서 리튬이 매장되어 있다는 소식이 들려온 거야. 한창 금광 개발할 때 는 따로 관심을 갖지 않아 지나쳤지만, 배터리 원료의 핵심 광물인 리튬이 국내에 매장되어 있을 줄이야. 그동안 수입 에 전량 의존했던 탓에 원료 수급 문제가 배터리 업계에서 큰 고민이었는데, 좋은 대안이 생긴 거지.

해피엔딩을 위한 한 걸음: 자회사 상장

파고파광업㈜ 소유의 땅에서 리튬 광산을 개발할 수 있다는 사실은 장씨를 흥분시키기에 충분했지. 그런데, 리튬 광산 개발 자금은 어디서 충당하지? 그리고, 더 나아가 파고파소재㈜가 리튬 원석에서 배터리 원료를 뽑아내는 공정을 맡았으면 더욱 좋겠다는 생각이 든 거야. 마찬가지로 설비투자는 어떻게 하지? 장씨는 행복한 고민에 빠지기 시작했어.

현재 파고파광업㈜나 파고파소재㈜ 모두 영업 실적이 좋아서 현금은 부족하지 않았어. 그런데 신사업을 위해 대규모 투자를 감행할 정도로 여유 자금이 넘치는 것은 아니었지. 가장 먼저 장씨의 머리를 스치는 생각은 두 회사 모두 상장을 하는 것이었어. 동시에 예전에 경제 전문가 임씨가 조언한 내용도 떠올랐지. 더블 카운팅 때문에 지주사 할인이 더 심해질 수 있다는 경고 말이야. 게다가 두 개의 자회사를 동시에 상장하려 한다는 것은 도박에 가까웠지.

여기서 또 장씨의 승부사 기질이 발휘되었지. "묻고 더블로 가!" 시장의 반응은 냉혹했어. 아직 IPO 일정이 시작되지도 않았지만, 계획을 발표한 것만으로도 지주사 할인이 더 반영되어 할인율이 40%를 넘었어. 파고파홀딩스㈜ 주주들의 항의가 연일 계속되었지. 하지만 장씨는 자신감이 넘쳤어. 당분간 주주들의 원성을 피할 수는 없겠지만, 꼭 성공해서 자신의 판단이 옳았음을 증명해 낼 수 있을 거라 봤지.

장씨 입장에서는 쉽게 물러설 수 없는 기회였어. IPO를 통해 확보된 자금으로 리튬 광산 개발에 성공하고 배터리 소재를 안정적으로 생산한다면, 두 자회사 모두 새롭게 기업가치를 평가받을 거야. 두 자회사의 기업가치가 높아지면 지주회사의 가치 역시 높아지겠지. 그러면서도 IPO를 통해 지주회사의 지배력이 약해지는 것은 피해야 했어. 그래서 IPO를 위한 신주 발행 물량이 들어와도 파고파홀딩스㈜가 갖는 파고파광업㈜의 지분은 80%(기존 100%에서 낮아짐), 파고파소재㈜의 지분은 30%(기존 50%에서 낮아짐)를 유지하도록 설계했지.

파고파홀딩스㈜는 두 마리 토끼를 모두 잡기를 원했어. ① 지주회사의 자산은 증대하면서도 ② 자회사에 대한 지배권을 유지하려고 했지. 하지만 파고파홀딩스㈜의 소액주주들이 원하는 바는 달랐어. 다른 방법으로도 비상장회사인 두 자회사에 자금을 끌어올 수 있을 텐데, 하필 기업공개를 선택하다니. 소액주주들은 자신이 갖고 있는 주식에 당장 손해가 되는 일은 피하고 싶었어. 자회사를 상장하면 지주회사의 주가 하락은 피할 수 없는 것이라고 굳게 믿었지.

파고파홀딩스㈜   소액주주

IPO를 추진하는 두 개의 자회사는 워낙 매력적인 사업 아이템에 대한 투자를 약속했기 때문에 시장에서 매우 높은 인기를 얻었어. 기관투자자를 대상으로 한 수요 예측에서도 높은 가격을 받을 수 있었고, 일반공모에서도 기대보다 많은 청약이 들어왔지. 이러한 인기는 상장일 이후에도 계속되었고, 시장에 데뷔하자마자 연일 상한가를 기록했어.

한편 파고파홀딩스㈜의 주가는 그만큼 상승하지는 못했어. 할인율을 계산해 보니 이미 50%를 넘어섰고 곧 60%에 이를 수도 있을 거란 전망도 나왔지. 언론에서는 물적분할 후 자회사를 상장했기 때문에 더블 카운팅에 의한 지주사 할인을 피할 수 없었다면서 회사의 결정을 비판했지. 장씨는 너무 억울했어.

시장의 비난을 한 몸에 받은 장씨는 그래도 믿는 구석이 있었어. 순간의 비난은 곧 잠잠해질 것이고, 회사는 IPO를 통해 얻은 투자금으로 리튬 광산 개발에 성공하고, 배터리 원료를 양산할 수 있으리라는 자신감이 있었지. 억울한 마음도 있지만 지금은 말을 아낄 때이고, 앞으로 실적으로 보여줄 거라 다짐했어.

파고파소재㈜   파고파광업㈜   파고파홀딩스㈜

사업은 순조롭게 진행됐어. 리튬 광산 개발도 차질 없이 진행됐고 예상보다 많은 매장량이 있음을 확인했지. 파고파소재㈜도 리튬에서 배터리 원료를 양산하는 데 성공했어. 국내 배터리 제조 회사에서 먼저 러브콜을 보내왔고, 충분한 주문량을 확보했지. IPO 이후 2년쯤 지난 이후에 본격적으로 리튬 관련 매출이 상승하고 당기순이익이 크게 늘어났어. 두 자회사는 이전보다 배당성향을 높이기로 했지.

결국 시장의 반응이 달라졌어. 자회사로부터 들어오는 배당금이 늘어나고, 보유하고 있는 자회사의 기업가치가 급등하면서 파고파홀딩스㈜의 주가도 상승했지. 파고파홀딩스㈜ 역시 주주들에게 배당성향을 높일 것이라는 약속을 했어. 지주사의 할인율도 점점 줄어들었어. 자회사와 지주회사 모두 원-윈 하는 관계가 만들어진 거야. 장씨는 두 자회사를 상장할 때 시장으로부터 차가운 반응을 얻었지만, 지금과 같은 상황이 올 것이라 굳게 믿었지.

원-윈 관계가 된 것은 비단 지주회사와 자회사 관계뿐만이 아니야. 파고파홀딩스㈜의 지배주주와 소액주주 관계 역시 원-윈 관계로 변했다고 할 수 있어. 단기적으로 볼 때는 서로가 지향하는 바가 달랐지만, 자회사의 이익이 크게 늘어나고, 그 이익이 지주회사를 거쳐 파고파홀딩스㈜의 주주에게 돌아가는 구조가 완성되면서 지배주주와 소액주주의 이해관계가 일치하게 된 거지.

episode 18.

성공도 실패도 안주할 핑계가 되지 않아

이 모든 과정을 묵묵히 지켜본 사람이 있었어. 바로 김씨운 수㈜의 김씨였어. 김씨는 박씨의 성공에 배 아파하면서 일 확천금을 노리기보다는 끈기 있는 투자로 방향을 바꿨어. 파고파㈜가 액면분할을 한 시점 이후로 꾸준히 파고파㈜의 주식을 사 모았지.

물적분할을 하고 지주회사로 전환한 이후에 처음에는 김씨
도 다른 소액주주처럼 화를 많이 냈어. 실제 지주회사 출범
이후 파고파홀딩스㈜의 주가는 힘을 쓰지 못했고 김씨의 마
음이 흔들렸지. 그동안 투자에 거듭 실패했던 아픈 기억이
떠오르면서 손실이 커지기 전에 주식을 처분해야 맞는 건지
고민했어.

하지만 김씨는 장씨의 능력을 믿어보기로 했어. 파고파홀
딩스㈜의 주식은 처분하지 않고, 두 자회사의 상장 이후 추
가로 파고파광업㈜와 파고파소재㈜의 주식까지 사 모은 거
야. 인내의 시간이 길었지만 이제야 자신의 선택이 옳았음
을 증명하게 됐지. 지주회사 출범 이후 단기에는 그 성과를
내기가 쉽지는 않지만, 파고파홀딩스㈜의 경우 자회사 상
장도 성공하고 사업 영역이 넓어지면서 이익이 크게 늘었
지. 단지 시간이 오래 걸렸을 뿐이야.

파고파홀딩스㈜

이번에도 훌륭한 성과를 보여 준 장씨에게 다시 고민의 시간이 찾아왔어. 지금 파고파홀딩스㈜는 금광 산업과 배터리 소재 및 원료 사업 모두 실적이 좋아. 특히 배터리 원료부터 소재까지 생산하는 과정에서 시너지 효과를 내고 있지. 전기차 시대로 넘어가는 시점에 선두 주자로서 폭발하는 수요에 대응하는 회사라는 점을 인정받아 인기를 끌고 있지만, 영원한 것은 없잖아. 전기차 시대로 가는 길이 탄탄대로일 거라는 보장은 아무도 할 수 없는 거야. 지주회사의 사업 구성이 어느 한쪽으로 몰려 있다는 것은 단점이 될 수도 있는 거지.

결국 지주회사의 가치는 보유하고 있는 자회사가 지속적으로 이익이 늘어나는가에 달려 있어. 여전히 장씨는 파고파홀딩스㈜의 기업가치 자체가 성장하기를 원해. 지주회사를 기반으로 하여 새로운 사업에 눈을 돌리고 싶은 거야. 지금까지 잘해 온 것처럼 앞으로 유망한 사업을 발굴하여 끊임없이 투자해야지. 그것이 곧 장씨의 꿈을 이루는 길이기도 하고, 김씨와 같은 소액주주의 희망이기도 하지.

김씨가 아버지로부터 나룻배를 물려받았을 때는 부자가 되
는 방법을 모르고 의욕만 앞섰던 것 같아. 김씨는 몇 번의
투자 실패를 겪고 나서 투자에 대한 관점을 바꾸었지. 가까
운 사람이 투자에 성공하는 걸 보고 일확천금의 꿈에 부풀
었던 게 사실이야. 하지만 무작정 다른 사람을 쫓아서 단기
간에 성과를 내겠다는 욕심을 버리니까 그제야 길이 보이더
라고. 아직 부족한 점이 많지만, 파고파홀딩스㈜에 대한 장
기 투자로 얻은 교훈을 발판 삼아 현명한 투자자로 거듭날
것을 다짐했어.

내 주식에게
일어날 수 있는
모든 일

1판 1쇄 2025년 4월 1일

저자 | 선진호

펴 낸 곳 | OLD STAIRS
등록번호 | 제313-2010-284호
등록일자 | 2008년 1월 10일
이 메 일 | oldstairs@daum.net
홈페이지 | www.mrsun.com

ISBN 979-11-7079-039-6 13320